傾聴カウンセリング
学校臨床編

古宮《こみや》 昇《のぼる》・福岡《ふくおか》 明子《てるこ》

誠信書房

はじめに

この本は、スクールカウンセラーとして一歩を踏み出された皆さんや、将来スクールカウンセラーを希望されている皆さんが、学校臨床への理解を深め、スクールカウンセラーとしての力量を高めていただくことを願って書きました。

第Ⅰ部「スクールカウンセラーへの実践アドヴァイス」は福岡が担当し、学校臨床場面で生じやすい初歩的な疑問や実際場面での対応について、Q＆A方式でお伝えします。

第Ⅱ部「傾聴カウンセリングの実践」は古宮が担当し、一対一の学校面接場面で、傾聴によるカウンセリングではどう対応すれば援助的なのかを考察します。

スクールカウンセリングは、平成七年に文部省の調査研究委託事業として始まり、平成二十一年度には十五年目を迎えました。当初、スクールカウンセラー配置校は全国で百五十四校しかありませんでしたが、平成二十一年度には、全国ほぼすべての公立中学校にスクールカウンセラーが配置されました。

中学校は日本に住む人たちのほぼ全員が通過する場所であり、全国の公立中学校にスクールカウンセラーが配置されるということは、国レベルで、苦悩する人をより深く理解して共に歩もうとする営みが始まったことを意味しているのです。

さらに、集団と個人、社会適応と自己実現を紡ぐ大切なところを、教育の専門家である先生方と協働できる貴重な機会もまた、与えられました。

スクールカウンセラー事業には、さまざまに困難な課題がありますが、カウンセリングの営みを子どもたちにとって最も身近な学校でさせていただくことにとても意味を感じています。

そして、心理臨床活動が今日のように日本に普及したことを思うとき、心理臨床家の先人の方々の功績を忘れることはできません。先人の方々は心理臨床（カウンセラー）という専門職がまだ日本になかったころ、多くの困難を抱えても「こころ」の問題と向き合い、真摯に研鑽を積んだのです。そのたゆまぬ努力と高度に専門的な実践がなければ、今のスクールカウンセリング制度はなかったことでしょう。

本書の著者の一人である福岡は、まだ臨床経験が浅かったころにスクールカウンセリング事業の活用研究を委託され、日本でのこの事業の立ち上げに、せめて迷惑のかからないようにと、恐る恐る船出した感触を今でも覚えています。

幸いにも、当時はこの事業を積極的に活用したいと名乗りを上げてくださる学校へ行かせていただき、まさに「活かしていただいた」と実感したものでした。

今やスクールカウンセラーの知名度は上がり、学校や生徒・保護者の期待が増しているように感じますが、その反面、新境地に赴くスクールカウンセラーたちの悩みは、この事業が始まったころとあまり変わっていません。学校臨床は生徒が日々の日常生活を営む場所で展開される臨床活動ですから、若いカウンセラー（臨床心理士など）だけではなく、他の機関で経験を積んでこられたベテランの方々であっても、学校現場に赴かれると戸惑われることが多いのではないでしょうか。

福岡は、スクールカウンセラー同士がそれらの戸惑いを共有し、学校臨床のイメージやある種の見通しが持てると、安心して学校に居られるようになることを経験しました。

このことは非常に大切なことで、そのためにも教育委員会や臨床心理士会が主催するスクールカウンセラーの研修会などには、ぜひ参加されることをお勧めします。

学校によってはすでに二人目、三人目のスクールカウンセラーを迎えています。そのため、前任のスクールカウンセラーが築き上げた臨床イメージで、後任のスクールカウンセラーに期待と不安を寄せることが生じています。また、学校は時代の流れや制度の変化の影響を大きく受ける機関です。そんな学校が、スクールカウンセラーに新しい時代に即したさらに広範な期待を寄せるという、新たな挑戦も生じています。

どんな臨床場面でも、カウンセラーとクライエントそしてそれを取り巻く場の、創造的で有機的なプロセスのなかで変化が生じてきます。それゆえ、本書で紹介するものは解決へのひとつの切り口にすぎないかもしれませんが、スクールカウンセラーであるあなたの困惑が少しでも減少し、ますます活躍できるよう役立てていただければ幸いです。

スクールカウンセラーの活動は、配置校が公立か私立か、小学校か中学校かなどの校種によって違ってくるし、学校それぞれのニーズによっても違ってきます。本書では、全校配置が進んでいる公立中学校をモデルにしたと同時に、他の校種の学校現場にも応用できるよう配慮しました。

なお、本書に出てくる事例は実例ではなく、筆者らの経験と、共に語り合ったスクールカウンセラーの声を参考に、多くのスクールカウンセラーに共通する悩みを抽出し、その解決をイメージしやすいように創作したものであることをお断りしておきます。

古《こ》宮《みや》　昇《のぼる》
福《ふく》岡《おか》　明《てる》子《こ》

目次

本文イラスト　九重加奈子

第Ⅰ部

スクールカウンセラーへの実践アドヴァイス

第Ⅰ部では、スクールカウンセラーが直面するさまざまな状況や事態について、どう対応すればよいか、どんなことに気をつければよいかを提案します。また、建設的に解決法を考えることができるよう、そのヒントも提供します。

Question 1

スクールカウンセラーの心がまえについて

「初めてスクールカウンセラーをします。どんな心がまえが必要ですか」

「スクールカウンセラーは『ひとり職場』と聞き、不安です。困ったときは誰に聞けばよいのでしょうか」

学校は教育の専門家である先生方が中心となって活動されている場所なので、心理の専門職として一人で入り、わからないことがあったらどうしたらいいのだろうと心配なのですね。

まず認識しておくと良いことは、スクールカウンセラーも学校も、お互いに手探りでより良い活動を模索していくものだ、という事実です。

あなたが着任したとき、学校についてわからないことは、先生にお聞きすることが多くなります。学校によっては、スクールカウンセラーと学校をつないでくれるコーディネーター役の先生が決まっている場合もありますし、決まっていなくても初回は校長や副校長、教頭などの管理職の先生と連絡を取ることになると思います。そのとき「本校では○○先生にいろいろ聞かれるといいでしょう」と教えていただける場合もあります。

もちろん、管理職の先生も転勤されてきたばかりだと、その学校のことを熟知しているわけではないので、そんなには丁寧に教えていただけないかもしれませんし、先生によってもスクールカウンセラーに対する理解度や期待度は異なります。また、スクールカウンセラーを初めて迎える学校では、スクールカウンセラーにどのように接したらよいのか見当がつかない部分もあるでしょう。ですから、焦らず、学校や先生方の動きをよく観察して、お尋ねしやすい先生や、つながっていけそうな方々と良好な関係を築いていくよう、心がければよいでしょう。

とくに、あなたが多くのかかわりを持つことになる先生として、副校長先生、教頭先生、保健室の養護の先生、生徒指導の先生などが考えられます。これらの先生方からいろいろと教えていただくことが、自然な流れかもしれません。ただ、先生方の立場によるとらえ方の違いもありますから、一人の先生からの情報だけでは不十分ですので、複数の先生方から情報を得ましょう。

教師とスクールカウンセラーは専門性が異なりますが、異なるからこそ、互いの違いを理解して生徒のために役立てるという面があります。

たとえば、とても難しい子どもと熱心にかかわっている先生が、「この子にかかわれるのは、あと一年しかない……これでは絶望的だ」と落胆しておられるとします。あなたがその先生にカウンセラーとして対応することによって、あなたに話をした後に「この子の一生のうちのこの大事な部分にかかわっているんだ」、と長期的な視野に立って希望を持ってかかわることができるようになるかもしれません。

また、校則違反をした生徒に対して先生が、「君のやっていることは良くないことだが、先生には話しにくいこともあるだろう」とスクールカウンセラーを紹介してくださったので、生徒は安心してカウンセラーと話すことができ、犯罪防止につながる、という可能性もあるでしょう。

学校の主役は、児童・生徒であり、先生であり、保護者です。私たちスクールカウンセラーはほんのわずかな時間、異なる風を届けているにすぎません。しかし、先生方とともに子どもの成長を願って、ささやかではあるけれども心理臨床の視座でお役に立つことができればよいですね。

心がまえとしては、スクールカウンセラーはその学校にすれば新人でもあるわけですから「差し出がましくなく、控えめに」、そして「能動的な関心」というカウンセリングの基本姿勢を持って誠実にかかわっていけば、先生方はあなたと接することで、カウンセリングの本質と効果を理解されるのではないでしょうか。

最後になりましたが、学校臨床特有の困難や心理の専門領域での悩みについては、スーパーバイザーに相談し、またスクールカウンセラーの会合に参加することで、理解を深めることができると思います。そこで、教育委員会が主催するスクールカウンセラーの連絡会や、都道府県の臨床心理士会が主催するスクールカウンセラーの研修会などに参加して、他のカウンセラーと出会う機会を積極的に持たれることをお勧めします。

また、カウンセラーが自主的に集まり、勉強したり支え合う会を持っているところもあるかもしれません。もしなければ、そのような会をご自身が始められることも一案です。

Question 2

──スクールカウンセラーの仕事と適性について

「教育の問題に関心があり、スクールカウンセラーになりたいと思っています。スクールカウンセラーになると、どんな仕事をするのでしょうか」

「大学院では個人臨床の授業をたくさん履修しているのですが、個人臨床とは異なる面もあると聞きます。どんなところが違うのか、またスクールカウンセラーになるための適性もあれば教えてください」

まずは、スクールカウンセラーの仕事についてお伝えします。

一般的には、①生徒へ援助活動（声かけやカウンセリングなどの相談活動を含む）、②保護者の養育上の悩みや不安に関しての援助活動（カウンセリングや助言、研修会等での心理教育を含む）、③教職員の指導上の悩みや不安に対する援助活動（コンサルテーションや助言、研修会等での心理教育を含む）、④学校を含む地域への心理的援助活動（機関連携や心理教育を含む）、といったところでしょうか。

こうお伝えすると、勤務時間は短いのに仕事がすごくたくさんあるように思えるかもしれませんが、これらは活動の可能性です。実際には、赴任校のニーズに合わせて、あなたができる心理的サービスを工夫しながら提供していけばよいと思います。

個人臨床を中心に勉強されてきたとのことですが、個人への見立てと援助の力量はもちろん学校現場で必要ですし、慣れ親しんだ援助技法を使って活動なさればよいと思います。

しかし、学校へ出張して個人の面接をしているだけでは、スクールカウンセラーとしては不十分なのです。学校という場所で臨床を行うのですから、そのメリットも生かさない手はありません。学校で起こっていることに関心を持ち、学校の様子をよく観察していると、学校という集団の個性をとらえる力量が向上します。たとえば、その学校では何か問題が生じたときにどのような方法で解決しようとするのか、どのような機能がうまく働くのか、そしてどの機能はあまりうまくいっていないのか、などを把握できるでしょう。

また、相談室での面接がないときは、相談室から出て校内の教職員の方々とちょっとした会話の機会を積極的に持つようにしましょう。先生方はもちろんのこと、職員の方が適切なタイミングで「今日はカウンセラーさんが来ているよ」と生徒に勧めてくださったり、教室に入れない生徒とかかわってくださることによって、子どもが安心したり、彼・彼女の居場所が広がることもあるからです。教職員との連携がうまくいくと、個人臨床では考えられない相乗効果が生まれることがあります。この相乗効果も学校臨床の醍醐味のひとつです。

またそのことの裏返しですが、学校という集団を無視したり、教職員との連携がうまくいかなかったりすると、思わぬところで失敗することがあります。必要最低限の連絡さえスムーズにいかなかったり、カウンセリング場面での子どもの成長が、現実の学校場面へとつながっていきにくくなることもありえます。相談内容も、心理的なことに限られているわけではありません。人道的・教育的な配慮が必要なケースは、先生と連携して来談者を守ることが必要な場合もあります。

赴任してしばらくは、学校もスクールカウンセラーも互いのことを理解できず、不安になることがあるかもしれません。しかし、学校に赴くからには、教職員の方々にも、心理の専門家に相談できる安心感や、心理の専門家によるさまざまな学校内活動の意義を感じていただいて、良好な関係を築けるよう努めたいものです。近年は特に、先生とカウンセラーが異なる専門性をもとにどのように協働し、学校というネットワークで子どもを支援していくかの研究も盛んです。より良いスクールカウンセリングを目指すなら、狭義の相談室だけの臨床を考えるのではなく、相談室の外で営まれている心理臨床の機能も視野に入れ、その両方がうまく機能するイメージを持たれるとよいでしょう。

以上、個人臨床とは異なる視点を述べましたが、スクールカウンセラーとして活動するためには、学校の先生方や保護者と協力関係を作ること、そして学校という集団を理解しようとすることが大切です。

Question 3

●――学校種別のスクールカウンセリングの特徴について

「幼稚園だと『スクールカウンセラー』と言うのではなく『キンダーカウンセラー』と言うそうですが、どう違うのですか。また、教育領域のカウンセラーにはどのようなものがありますか」

それでは、校種別にお話しましょう。

幼稚園では「キンダーカウンセラー」と呼ぶことが多いようですが、それは幼稚園に配属されたスクールカウンセラーと言ってもよいでしょう。幼稚園など年齢が低くなればなるほど、子どもの自主来談というよりも、保護者や先生が来られて、子どもや親の対人関係に関する悩み、しつけや子育てに関する相談、運動や認知の発達・情緒の安定や習癖など、子どもの発育や行動・性格に関する相談が多くなるように思います。また、子育て座談会や講演会などを依頼されたり、子どもの行動観察を依頼されたりすることもあるでしょう。

小学校に赴任されるスクールカウンセラーも増えてきているようですが、ここでは子どもの発達段階の幅が広いので、相談内容もいろいろです。

児童からの相談では、たとえば一年生では、一緒に帰る約束をしていた友達が見当たらないと泣きながらカウンセリングルームに来る子がいますし、高学年ともなると身体や性に関する意識が敏感になって、これまでは冗談としてやり過ごせたいろいろなことが急に大きな苦悩となって、相談に来ることもあります。

また、小学校の担任の先生は、一日中同じクラスを担当することがほとんどですから、いわゆる授業不成立現象などを一人で抱えて疲労困憊されていることがあります。そのような先生方のストレスについても関心を持ちましょう。

中学校では、生徒の心身の発達が著しく思春期の課題も抱えますから、臨床心理的な見立てと手立てが一層重要になってくるようです。

高校や大学にスクールカウンセラーが入っているところもあるでしょう。そのような学校では、発達段階としていろいろなことが生徒・学生の自主性に任されることが増えるので、思春期の課題に加えて、進路・就労の問題、対人関係の相談も多いようです。

校種によって発達段階の違いがあるし、それぞれに特有な学校のシステムがありますから、問題の現れ方や求められる支援が異なります。

そして、これはすべての校種に言えることですが、公立か私立か、一貫校かそうでないか、スクールカウンセラーを依頼した団体がスクールカウンセラーに何を期待するか、また週に一回か月に一回かなどのインターバルによっても、活動の内容や形態は異なってくるでしょう。たとえば、行政機関から「スクールカウンセリングの活動は地域住民サービスの一環なので、広く対応してほしい」とか、「不登校対策として成果を上げてほしい」と要望されることがあります。また教育委員会から、「赴任校のニーズに合った活動を工夫してほしい」とか、「教職員のカウンセリングの力量を高めてほしい」と期待される場合もあります。また私立学校から、「できるだけ独立した校内の相談機関として位置づけたいので、守秘を重視した専門的な活動をしてほしい」と言われる場合もあるでしょう。

それらの要望や期待をまず理解して、あなたにできる範囲で応えるよう心がけましょう。スクールカウンセラーは、与えられた枠組みや自分の臨床スタイル・考えを整理して、学校現場に役立つよう活動を工夫することが求められています。スーパーバイザーや、他のスクールカウンセラーとの話し合いの機会を作り、研修にも積極的に参加しながら活動されるとよいでしょう。

Question 4

学校とのかかわり方

「スクールカウンセラーとして小学校に赴任しましたが、学校も初めてスクールカウンセラーを受け入れたので、互いに何をすればいいかわからなくて困っています」

「私は職員室に座っていますが、先生方は一日中忙しくしておられますし、何だか声をかけるタイミングも難しいです。中学校でスクールカウンセラーをしている先輩に聞くと、そこでは相談室も整備されているし、スクールカウンセラー担当の先生も決まっていて予約も取ってくださるそうです。でも私の学校では、そんなシステムも居場所もありません」

まずは、困惑する学校側の立場について考えてみましょう。次の二つの可能性が考えられます。

（1）学校は困っており、何らかの支援の必要性を感じている。しかし、スクールカウンセラーに何ができるかわからないし、役に立つかどうかもわからないので、学校で起きている問題にカウンセラーにどうかかわってもらえばよいかわからない。

（2）学校で起きている問題についての認識がはっきりしないか、スクールカウンセラーを活用することへの意欲や理解が不十分である。

（1）の理由なら、問題意識を持っている管理職か担当の先生に声をかけ、学校について教えてもらうとよいでしょう。そのうえで、あなたが学校でできそうな支援方法を提案したりなど、一緒に模索しながら決めていくとよいでしょう。もし、先生が忙しくて話し合いの時間が取りづらいなら、学校で子どもたちの行動を観察すると、学校の雰囲気や問題を理解することに役立ちます。また、先生から保護者に来談を促していただくと、役立つこともあります。

（2）の場合は問題意識が曖昧ですから、「問題がないのでカウンセラーの手助けは必要ない」というスタンスでしょうか。学校はスクールカウンセラーの必要性を感じていないのに、制度上受け入れることになったので戸惑っているのかもしれません。

もし、学校が平和でスクールカウンセラーの仕事が少ないのなら、子どもたちにとっても学校にとっても幸いなことです。そのような学校側の戸惑いに寄り添い、学校というところを観察し学びながら先生方と良好な関係を築いておいて、いざというときに備えておくとよいでしょう。

しかし実は、学校側が「何も問題のない学校です」という像を提示すること自体に、学校の抱える課題が現れている場合があります。何らかの理由で学校（先生方）が疲れていたり不安が高かったりして、馴染みのないものや葛藤を抱えることが難しくなっていることがあるからです。その場合は、「何も問題がない」という像を提示する（または信じる）必要性が学校にあるわけですから、そのことの意味や苦悩を十分理解することが最も重要です。

このようなときは、スーパービジョンにおいて、学校の持つその必要性についての理解を深めて、対応策を模索することが有益でしょう。また、そのような学校にいると、スクールカウンセラーは無力感を感じがちです。その傷つきも、スーパービジョンか自分自身のカウンセリングによって手当てするとよいでしょう。

そして、小学校と中学校では、教育のシステムや意識がずいぶん違います。小学校の担任は、ほとんどの科目を一人で教えて学級運営をするため、クラス運営についてかなり重い責任と心理的な負担を感じているかもしれません。それに比べて中学校は教科担当制ですから、役割分担が機能しやすく、担任の学級への密着度は小学校ほどではないことが多いでしょう。

ですから、小学校の先生が忙しそうにしている理由のひとつとして、学級のことをほかの先生たちと分かち合いにくいシステムがあるでしょう。その場合、担任を持たない比較的時間に余裕のある先生から学校や生徒の様子を教えていただいたり、忙しそうにしている担任の先生に、折をみて「何かお手伝いすることはありませんか。いつでもお声をかけてください」とこちらから挨拶をしておくとよいでしょう。その後の相談がスムーズに運ぶきっかけになるかもしれません。

カウンセリングに限らず、「何かお手伝いすることはありませんか」と自分から声をかけるスタンスは、日常場面でも相手を思いやり良好な関係を築くための重要な要素です。忙しい先生方へのスクールカウンセラーのさりげない心配りは、とても喜ばれるでしょう。先生方に元気に力を発揮していただくことも、スクールカウンセラーの仕事です。

相談室での面接だけが学校臨床ではありません。あなたから進んで学校での日常活動を先生方とご一緒し、さまざまなことを感じてみましょう。それによって、あなたが学校に受け入れられ、協力して仕事をする関係が育まれるでしょう。

Question 5

スクールカウンセラーに宣伝は必要？

「先生から、『生徒や保護者にはスクールカウンセラーが来ることを知らせてあるので、相談予約が入ったらお願いします』と言われ、相談室に座って一カ月がたちます。でも、誰も来ません。私が生徒だったら、顔も知らないカウンセラーのところに行くには勇気がいると思うのですが、自己紹介や宣伝のようなものは必要ないのでしょうか」

そうですね。宣伝は積極的にされたほうがよいと思います。子どもたちや保護者の方々など、あなたの助けを必要としている方々はたくさんおられると思いますので、その方々にあなたの存在を知らせて、さらにあなたに相談に行くことへの心理的な敷居を低くすることが、とても大切だと思います。

しかし、学校はあなたが来る前から宣伝をしてくださっているので、まずはその配慮に感謝の気持ちを伝えましょう。そのうえで、「私が生徒や保護者だったら、見ず知らずの人のところに相談に行くには少し勇気がいるので、私のことを子どもたちや保護者の方々に自己紹介できる機会をいただきたいのですが」、とあなたから働きかけてみるとよいでしょう。

では、生徒や保護者の方々にあなたの存在を知ってもらい、相談室の敷居を低くするための活動例を挙げてみます。

（1）全校集会や学年集会のときなどに少し時間をいただいて、子どもたちにスクールカウンセラーとして自己紹介しましょう。そのときに、相談の申し込み手順などをできるだけわかりやすく伝えます。

（2）勤務曜日などの関係で、どうしても子どもたちに自己紹介ができないようなら、学校便りや保健室便りに紹介文を載せていただきましょう。またそのときには、できるだけあなたの顔写真も入れていただきましょう。それによって宣伝の効果はぐっと上がります。同時に先生方にも、「子どもの成長のプロセスに悩みはつきものだから相談できる人が必要である」こと、そして「子どもたちや保護者の方々にとって、カウンセラーは教師と違う立場にあるため相談しやすい場合がある」ことを伝えましょう。

（3）相談室便りを発行するのも、とてもよいことです。心理クイズを交えたり、最近の所感などを交えて読みやすいものを作りましょう。ただし、相談室便りを出す場合は文責の問題があるので、先に管理職の先生に相談しましょう。

（4）カウンセリングへの警戒心を解いてもらえるように、児童・生徒向けに相談室を開放する時間を設ける方法もあります。

（5）イラスト入りの相談室紹介ポスターを、校内に掲示してもらうのもよいでしょう。

（6）保護者向けには、相談室便りや、ＰＴＡ集会などで自己紹介ができるとよいですね。

（7）ＰＴＡや地域の方々のほうから、スクールカウンセラーと交流する機会を希望される場合があります。それは相談室とスクールカウンセラーの存在を知っていただけるよい機会です。またこのような機会には、地域の特性やスクールカウンセラーに期待されていることなどを教えていただきましょう。

（8）校区内の学校や幼稚園、施設などにも挨拶できる機会を探りましょう。また、地域や学校間の研修や会議などへの参加は有益な機会になるでしょうから、それらにも関心を持ちましょう。

Question 6

面接予約が多くてパンクしそう……

「スクールカウンセラーとして中学校に赴いたのですが、先生や生徒に自己紹介もまだしていないのに、保護者や生徒の相談予約でいっぱいです。私が赴任する前に先生方が保護者会でスクールカウンセラーが来ることを紹介してくださったみたいなのですが、初日は三十分ごとに予約が入っていたり、二週目以降も新しいケースがたくさん入っていたりして困惑しています。先生方もスクールカウンセリングに期待されているようで、熱心に学校の様子を教えてくださいます。

こうした期待を裏切ることがないように、困惑していることをどのように伝えたらよいものかと悩んでいます」

学校はあなたの来校を待ち望んでくださっていたようですね。あなたとしては、好意的に迎えていただいた喜びとともに、学校の期待を裏切ることのないようにと心配されているのですね。学校は、カウンセリングなどの心理支援を期待されているのでしょうが、カウンセリングは緩慢な変化の過程をたどることも多いので、少ない面接で変化を期待されても当惑しますね。

先生方にはまず、好意的に迎えてくださったことへの感謝を伝えましょう。それとともに、あなたの言葉でカウンセリングについてお話しする機会を持たれるとよいでしょう。また、個人面接は大切な活動ですが、スクールカウンセラーが学校を知る時間が持てるとさらに役に立てる部分もあることを、お伝えするとよいかもしれません。そして少しずつ、あなたが働きやすい環境づくりをしていくとよいと思います。

しかしながら、予算や人的資源の関係で、その学校に行く回数が年に数回などと限定されている場合があります。また特に初年度は、多くの人と広く出会うことを余儀なくされるかもしれません。そうした場合、先生や保護者などが、助言や結論を急いで求めてくることがあり、当惑することもあるでしょう。

しかし、不定期に数回しか会えないことを相談者の方々が納得したうえで、数少ないカウンセリングの機会を上手く活用して問題を解決していける場合があります。またカウンセラーも、一期一会の覚悟で会うことになりますから、限られた機会であっても最も重要なテーマが焦点づけられることもあるでしょう。不十分だった部分は、次の課題として取り組むことになります。実践を通じて思わぬことを学ぶ機会に恵まれるのも、学校臨床の面白さです。ですから戸惑いは多いと思いますが、柔軟な対応を心がけ、あなたの学びを学校臨床の知恵につなげていただけたらと思います。

Question 7

保護者会での講演や職員研修を頼まれたら

「ＰＴＡの講演会や保護者会で『心の教育』について話をしてほしいと依頼されました。でも講演の経験はないし、着任して日が浅く、地域のことも保護者のこともよくわからないので不安です」

「学校から、夏休みに教員へのカウンセリング研修を行ってほしいと言われました。でも何をすればよいのかわかりません」

研修や講演をすることは、多くのスクールカウンセラーにとって馴染みが少なく、不安に感じられるものです。また、地域のこともあまりわからないのに講演依頼をされたら、何をどの程度話すのが適当かわかりませんから、いっそう戸惑いますよね。

まず、講演・研修会では、その主旨と目的がはっきりすればテーマが絞れますし、講演の準備がずっとしやすくなります。

ですからまずは、依頼された保護者の方に会って、主旨をうかがうとよいでしょう。主旨によっては、初年度はＰＴＡ新聞でスクールカウンセリングを取り上げていただくだけでもよいかもしれません。また、かしこまった講演よりも、座談会や茶話会のような形で、「お互いを知り合う会」をしてみるという方法のほうがよいかもしれません。

レジュメを準備して講義形式にすると、講演するほうはやりやすいのですが、それだと一方通行の伝達になりがちなので、聞き飽きないような工夫が必要になります。たとえば最近の話題や聞き手の関心を誘う話題を盛り込み、エピソードも差しさわりのない程度に取り入るとよいです。また、聴衆をただ黙って聞かせるのではなく、ちょっとしたクイズやゲーム・実習などをして能動的に取り組んでもらうのも、とてもよいことです。

聞き手の心をつかみ、聞き手のためになる講演の仕方については、役立つ教材もたくさんあるようです。本書のもう一人の著者である古宮は、『カーネギー　心を動かす話し方――一瞬で人を惹きつける秘訣』（ダイヤモンド社）はそのひとつで、とても優れた本として推薦しています。一人で悩まないで、そのような教材の活用も是非検討してみてください。

教員研修についても、その趣旨と目的をよく理解してプランを立てることが大切です。依頼者の先生から、先生方のニーズは何なのか、そしてその研修によって何をどう良くしたい、と願っておられるのかを聞くとよいでしょう。

教員研修では、何か重要なテーマについて学ぶというよりも、先生とカウンセラーが良い連携をしていくための、顔合わせ的な意味合いが大きいこともあります。その場合なら、ストレス・マネジメント的な実習を交えた癒しの場を共有することや、カウンセラーと教師の役割や立場の違いを確認する交流会などは一案です。

先生方のカウンセリングの力量を上げたいということなら、ロールプレイなどの体験型の研修もよいでしょう。その場合は、まずは聴くことの大切さを感じていただくために、小グループか二人一組になって、「話し手」と「話を聞かない聞き手」役に分かれて実習をします。「話を聞かない聞き手」は、「話し手」を一方的に叱ったり批判したり、「ああしなさい、こうしなさい」と指示をしたりして、いっさい話を聞きません。それを行うと、話を聞いてもらえず一方的に押し付けられることの不愉快さを、話し手役の先生も聞き手役の先生も実感しやすいでしょう。その後、同じ「話し手」役の先生に対して、先生方が「できるだけよく聞く聞き手」役をして、話を聞きます。

先生方のなかには、「カウンセリングのような生やさしいことではダメだ。叱るときは厳しく叱らないといけない」という、カウンセリングに対する否定的な意見もあるかと思います。その抵抗を和らげる方法として、次のように伝えるのも良いアイデアのひとつかもしれません。


「集団としての生徒指導では、子どもたちに指示を守らせなければなりません。たとえば、遠足に行って目的地の原っぱにバスが着いたとします。『では、ここでバスを降りてお弁当にします。出発は三時ですから、それまでにバスに戻りなさい』と指示したら、子どもたちは必ず三時に戻らなければなりません。それなのに『そうか、君たちは三時には戻りたくないのか。私は子どもの気持ちを大切にする教師だから、三時に戻らなくてもいいよ』と言っていたのでは生徒指導になりません。ですから、集団としての生徒指導では、指示を守らせることが必要です。

しかし、子どもたちの心を扱うときには、正しいことを教えるだけでは彼らの心に響かないことがあります。私たちは誰もが、自分のことをわかってほしい、と深く願っているからです。特に辛い思いをしている子どもたちはそうです。そんなときには、その子の話を聞いて、少しでも彼・彼女の身になって気持ちをわかろうとすることが、支えになることがあります」

また、先生方の初任者研修を依頼されることがあるかもしれません。その場合にも、学校と先生方のニーズを調べてテーマを決めるとよいでしょう。テーマの例としては、不登校問題の理解と対応など、最近の学校臨床の動向もふまえてお知らせすれば、予防的な意味合いもあるので喜ばれるでしょう。

研修や講演は初めは恐ろしく感じられるものですが、あなたの現場の実情に合わせて、その場にあったものを工夫しながら経験していけば、少しずつ上達してだんだんラクになると思います。

Question 8

コンサルテーションを頼まれたら

「管理職の先生から、コンサルテーションをして先生方のカウンセリングの力量を上げてほしいと言われました。でも具体的にどんなことをしたらよいのかわかりません。また、コンサルテーションの力をつけるにはどうしたらいいですか」

コンサルテーションとは、あまり馴染みのない言葉で戸惑われたと思いますが、「先生とスクールカウンセラーが、互いの専門性からさまざまな課題を検討すること」ととらえるとよいと思います。管理職の先生からの要望は、「先生方の生徒指導上の悩みに対して、心理臨床の視点から光を当て、先生方がより十分な理解と対処ができるように手助けをしてほしい」ということだと考えてはどうでしょうか。

コンサルテーションは、具体的には会議や研修という形で公式的に集団で行うこともあれば、担任や生徒指導の先生が時間を作って相談室を訪れる場合もありますし、保健室や職員室にスクールカウンセラーが出向いたときに非公式な形で行われることもあります。

たとえば、不登校の事例で、担任の先生から「学校へ来ればけっこう楽しそうにしているのに、すぐに休んでしまうのはさぼり癖がついているのではないかと思い、厳しく接したら登校しなくなった」というようなケースを相談されたとしましょう。その場合に、あなたがその先生の気持ちと考えをよく聞き、話し合うことによって、その先生の気持ちに少しゆとりができるかもしれません。するとその先生は、家庭訪問で感じた生徒の性格特性や生活環境に想いを馳せ、生徒の心情を思いやった対応ができるようになるかもしれませんね。そのことが状況の改善に結びつけば、それもコンサルテーションと言えるでしょう。

また、会議や研修などの公式な場で、不登校、いじめ、友達関係のトラブルなどについて、臨床心理的な見方を提示して検討することも有益でしょう。また非公式な場面としては、廊下ですれ違った先生から「生徒のストレスの原因がわかり、解決しました」と報告をされ、あなたがそれにうなづくだけでコンサルテーションの意味がそこに生まれることもあるでしょう。

いずれにせよ、「コンサルテーションをしてください」と依頼されたからといって、あまり難しく考えずに、先生方からいろいろな話を聞かせていただいて教えていただいたり、心理的な側面に光を当てたりして、共に事案を抱えるなかでコンサルテーションの力がついてくるように思います。

また、個人スーパービジョンを受けること、そしてスクールカウンセラーの研修会などに参加することによって、他のカウンセラーや助言者の見方や対応の仕方が学べるので、それもたいへん参考になると思います。

Question 9

――カウンセリングに否定的な先生方へは

「ある先生から『カウンセリングは生徒たちを甘やかすことになるのではないですか』と言われました。また、私は『相談室を昼休みに開放して、子どもたちが自由に来る場にしたい』と提案したのですが、『たまり場になるのでやめたほうがいい』と言われたので実施について思案中です。別室登校に関しても、『結局は甘えているだけではないですか』と批判的な考えをお持ちのようで、このような先生方をどのように理解して協働していけばいいものかと悩んでいます。他のスクールカウンセラーからも、生徒指導の先生と考え方が違っていて戸惑うことがあったと聞きました」

学校には、それぞれ現在に至った背景があり、いろいろな考え方の先生がおられます。そして、学校は集団としての秩序が保てないと、授業や指導が成立しません。ひどく荒れた経験をした学校や先生は、事態を終息させ集団の秩序を回復させるまでに、相当に苦労された歴史もお持ちです。

スクールカウンセラーがそうしたことを知っておくことは大切です。

カウンセリングの開放的で受容的なイメージが、そうした学校の傷を刺激し、「生徒の気持ちがゆるむと、また前のように指導できなくなるのではないか」という不安につながるのかもしれません。

　また、生徒指導の先生は、生徒の生活面や行動面の乱れを指導する立場におられる方です。勢いのついた生徒に対して壁としての役割を果たす存在でもあり、また、ルールを逸した生徒といろいろなプロセスをともにするなかで、授業では学べないさまざまな学びを授けてくださる存在でもあります。生徒によっては、しっかりと叱られることで成長し、学んでいく子もいるでしょう。

　スクールカウンセリングと生徒指導は、手法は異なっても、生徒の成長や幸福を願うという意味では共通しています。ですから、カウンセリングか生徒指導か、という考え方ではなく、互いの違いを理解し合って、子どもの成長につなげていきたいものですね。

　では、この先生が「甘えている」と感じることが多いのはどうしてでしょうか。

　戦後、「学校に行ける幸せ」を実感できた世代からすれば、「不登校は理解しづらい贅沢なわがまま」と映るのでしょう。また、「前進あるのみ」の風潮を強く受けた高度経済成長期の世代からすれば、「休むなんて許されることではない」と感じるのかもしれません。勤勉な職業規範があったからこそ、日本の復興があったのです。

　それに比べれば、今の子どもたちは、生まれたときから多くの物や情報があふれ、以前より個人的な事情や選択肢も尊重されているために、「甘やかされている」と感じられるのでしょうか。

　しかし、外的には恵まれていても、子どもたちはしばしば深い悩みを抱えています。たとえば、復興の時期は見つけやすかった「生きがい」が、今は見つけにくくなっているかもしれません。

また、時代はどうあれ、さまざまな事情から、学校での人間関係や日常生活が自分の心情や生活感覚からほど遠く感じられて、孤独と恐怖に圧倒されて心理的な支援を必要としている子どももいることでしょう。さらに、家庭的な事情や身体的な不具合で生活リズムが確立せず、通常の学校生活が人の何倍も苦痛に感じている子どももいるかもしれません。

そのような子どものなかには、別室があるから何とか登校して学校の空気を吸えている子どもがいるのも事実ですので、そのことについては、少しずつでも先生方に理解してもらえるとよいですね。

しかし、スクールカウンセリングは週に一日ほどの頻度のことが多いですから、できることは限られています。先生方の理解や状況に合わせて、できることからさせていただくくらいの気持ちでいるとよいでしょう。

あなたとしては、心理的な支援によって援助できる子どもがいるのに、それを先生方に理解してもらえず、先生を責める気持ちになったり、絶望的に感じたりするかもしれません。そんな気持ちになるのも理解できます。ですから、スーパービジョン、ご自身のカウンセリング、他のカウンセラーとの話し合いなどを通して、支えてもらいましょう。

Question 10

守秘に関して先生方と感覚が違うときは

「先生が生徒の面接の様子を聞いてくるので困っています。このような場合、どうすればよいのでしょうか」

「児童との面接のことを尋ねられたとき、『それはちょっと、守秘義務があるので言えないのですが……』と言うと嫌な顔をされました。これからうまくやっていけるか心配です」

あなたとしては「守秘義務は常識」という感覚があるので、相談の内容を聞いてこられると困るのですね。まずは、このようなやり取りになった背景と、その背景を踏まえた対応の例を考えてみましょう。

スクールカウンセラーの置かれた立場によっては、守秘すべき範囲や基準が微妙に異なる場合がありますし、プライバシーへの距離の取り方についても、土地柄や個人差があります。しかし、今回の先生との関係がうまくいかなかった要因のひとつとして、「学校の文化や習慣について、自分の理解に足りないところがあったかもしれない」と考えることは大切でしょう。

通常の個別カウンセリングでは、相談者がカウンセラーを信頼し、安心して話せる面接場面を通して変化していくプロセスを大切にしますから、「守秘」を原則とします。

一方、先生方は、学校という組織の中で子どもたちを教育し援助するために、「情報共有」と「役割分担」という方法にとても慣れていらっしゃいます。たとえば、明日の活動の主旨は何で、そのために誰がどのような役割を取るのか、ということを毎日のように打ち合わせて学校運営をされているのです。ですから先生方は、「情報共有」と「役割分担」という方法論をもって語りかけてこられることも、多いのではないでしょうか。

生徒の様子を聞いてこられたこの先生も、生徒を心配し、カウンセラーから何かヒントになることを聞いて援助したいとの気持ちを持っておられたのかもしれません。あなたをチームの一員だと見なしているからこそ、一緒にその子どもを支えたい、と思っておられたのかもしれません。

先生のそんな立場・考え方を踏まえて、たとえば次のようにお話されるのもひとつの方法でしょう。

「○○さんのことをとても心配なさっているのですね。今日はちゃんと来られましたよ。カウンセラーは、当面の面接を成功させるためにも相談内容をお話しすることはできないのですが、私も○○さんと会ったばかりでわからないことも多いし、先生も何か気になっておられるようなので、どのようなところが心配なのか教えていただけないでしょうか」

こういった対話は、カウンセラーのスタンスを伝える良い機会にもなりますし、先生のスタンスも教えていただければ、その後、先生のお力を貸していただける機会も持てるかもしれません。

また、先生に嫌な顔をされたのは、カウンセラーが学校の文化や習慣を理解していなかったことのほかに、カウンセラーの職務である守秘を守ろうとするあまりに、「生徒を心配していて援助したい」という先生の気持ちに十分に共感できなかったことにも、原因があるかもしれません。そこで、機会を見計らって、あなたからその先生に次のようにお話しをされてはいかがでしょう。

「先日は、先生が〇〇くんのことを心配してくださっていたのに、私も学校のことをよくわかっていなかったので失礼な対応をしてしまいました。カウンセラーは、面接を成功させるためにも相談内容をお話しできないことになっているのですが、カウンセリングだけで何もかもがうまくいくわけではありません。先生方はいろいろな面で、カウンセラーより生徒とかかわってくださっているので、教えていただくことがたくさんあります。今後ともよろしくお願いいたします」

あなたから、先生方の立場や考えを理解しようとすること、そして、あなたから進んで先生に話しかけてみること、これらを心がけることで先生方と協力して働ける環境が整えられてくると思います。

Question 11

守秘義務の範囲はどの程度?

「学校におけるスクールカウンセラーの『守秘義務』の範囲を、どう考えればよいのでしょうか。学校は信頼して全面的に任せてくださっていますが、スクールカウンセラーとしては、学校というチームの中で共有することが来談者の利益につながる場合もあるように感じています」

相談活動では、来談者の利益を守り、プライバシーを最大限に守ることを考えて行うことが最も重要です。しかし「守秘」の範囲は、ケースによっても、スクールカウンセラーとして所属する団体での身分や考え方によっても、異なる部分はあるでしょう。守秘義務は非常にデリケートな問題であり、それぞれのカウンセラーがその場その場の状況を吟味して考えていく課題です。

たとえば、先生がスクールカウンセラーの面接予約を担当してくださっている場合は、予約を受け付ける段階で、誰がカウンセリングを受けるのかを学校側が知ることになります。反対に、スクールカウンセラーが直接面接予約を取り、誰が相談に来たかを報告する義務がなければ、来談者名もスクールカウンセラーの「守秘」となる可能性があります。

しかし、抱える「守秘」があまりに広範になりすぎると、スクールカウンセラーの負担が大きくなります。また、教育現場では心理的な援助だけではなく、学校が緊急に教育的・人道的な視点から対応しなければならない事案もあります。ですから、来談者名などを学校と共有しておくことが重要な側面もあるでしょう。たとえば教員の領域では、児童・生徒の健康状態や家庭環境を考慮しながら教育活動を行う必要があるので、それら最低限の情報については教員同士で共有するのが一般的です。

また来談者によっては、「このことを担任の先生に伝えておいてほしかったのに……」と、守秘よりも情報共有を期待されることもあります。そのときには、「ここで話されたことは、基本的には先生に言わないことになっているので、できればご自分で伝えてもらえますか……難しいようなら、お話の主旨を伝えることもできますが……」という応答もありうるでしょう。またそのときには、担任の先生に伝えてくれない（くれなかった）あなたに対する来談者の落胆、不満が話せるよう、優しくたずねるなどの介入も大切でしょう。

学校現場においては、相談活動についての情報をいっさい学校に明かさないというスタンスが、いつも適切だとは限りません。普段から情報を共有しておくことの利点もありますから、来談者名などに関してもそうですが、何をどこまで学校と共有するかについて、学校の状況に応じて決めていくのが現実的でしょう。

このように考えると、スクールカウンセラーは通常の「守秘義務」という考え方のほかに、「集団守秘」という考え方や、「虐待などの通告の義務と守秘との関係」なども勘案しながら、自らの守秘についてのスタンスを確認し、学校や来談者に誠実に対応していくことが求められます。そのときは、あなた一人で判断するのではなく、スーパーバイザーや他のスクールカウンセラー、赴任先の学校の先生方などとも相談するとよいでしょう。

Question 12

保護者に面接継続を拒否されたら

「不登校の相談で保護者面接をしたのですが、二回目に『いったいあなたは何をしてくれるの。カウンセリングに来ても意味がない』と言われ、中断しました。丁寧に話を聴いたつもりだったのですが、何が悪かったのでしょうか。その保護者の方は、お子さんに強く登校を勧めるべきか、ゆっくりと待つべきかを迷っておられたように思います」

学校に教育相談に来られる保護者の方は、一般のクリニックなどへカウンセリングに来られる感覚とずいぶん違っていることがあります。「カウンセリングとは来談者自身が主体的に問題を解決していけるよう、話を聞くなどして心理的な支援をすることだ」と思って来談される方は少ないかもしれません。むしろ、問題解決のための良いアドバイスをもらいたい、と思ってスクールカウンセリングに来られる保護者もたくさんおられます。実際のところ、来談者が「担任の先生から、専門のカウンセラーから良いアドバイスをいただけると聞いて来ました」と言う場合もあります。

したがって、あなたが丁寧にお話を聴いたにもかかわらず、「解決策を教えてほしい」という保護者の要求への理解と対処に不十分な点があったので、不安や不満を感じられたのかもしれません。また保護者が、カウンセリングは継続するもの、という認識を持っていなかったか、仕事の都合などで定期的に来談することが難しいために結論を急いでいた、ということも考えられるでしょう。

このような場合、あなたが行おうとしているスクールカウンセリングのスタンスと、保護者のカウンセリングに対するスタンスの違いを、どのように調整していくかが重要なポイントです。場合によっては、具体的な課題を共有して解決策を提案することや、あなたが行おうとしているカウンセリングはどのようなものかを理解していただくことも、必要かもしれません。

また、保護者の「登校を促すべきか待つべきか」という葛藤についてですが、それへの共感と対応に足りない部分があったかもしれません。不登校相談で来られる多くの保護者が、促すことと待つことのそれぞれの長所と短所の狭間で悩んでおられます。だからこそ、個々のケースに合った「促すことと待つことのバランス」を、これから一緒に考えていく必要があるということも、お伝えできればよかったのではないかと思います。

ここでは、限られた情報から検討を加えましたが、さらに理解を深めるためにはスーパービジョンが役に立つでしょう。

Question 13

不登校の子どもの家庭訪問を頼まれたら

「担任の先生から、『子どもが家から一歩も出ず、教師が行ってもなかなか会えないので、スクールカウンセラーが家庭訪問をしてほしい』と依頼されました。でも、家庭訪問をしたことがないので戸惑っています」

「先生と一緒に不登校児童の家庭訪問を始めました。でも本人は出てこないので、お母さんとばかり話をしています。私としては、本人に対して侵入的になっているのではないかと気になりますし、母親の相談なら相談室で行うほうがよいのではないかと思います。こんな状況でも、家庭訪問をするほうがいいのでしょうか」

家庭訪問をすることになったときの、考慮すべきポイントをいくつか挙げてみます。

まずはじめに、先生が子どもを心配してカウンセラーに家庭訪問を依頼されたのか、それとも保護者の不安が強いため、スクールカウンセラーが訪問するよう先生を通じて依頼されたのかを確かめましょう。それがわかると、このケースにおいて第一に働きかける対象がはっきりしてきます。

もし、先生が心配して依頼されているなら、何が心配なのかを丁寧にお聞きしましょう。当面はそのことに的を絞ってアプローチしていくなかで、ケースへの理解を深めるとよいでしょう。

その際に注意しないといけないことは、当面の見立てを、どの程度どのように先生に伝えるかの判断です。スクールカウンセラーの見立ては、先生や保護者や本人にとって建設的なものにならないと、伝える意味がありません。また先生がどう受け取るか、またそれが保護者に伝わる可能性がどれくらいあるか、そしてもしも伝わった場合の保護者や本人への影響についても、注意が必要です。専門家の見解として伝わりますから、影響は大きくなります。

もし、保護者が依頼されたのなら、相談の場所が家か相談室のどちらがよいかも含めて検討しましょう。家庭訪問では、先生や本人が近くにいるので話しにくいこともあるでしょう。しかし、保護者がカウンセラーに対して、本人の状態の把握と対応を強く望んでいるなら、家庭訪問という形を希望されると思います。

家庭訪問をすれば家庭生活の様子がわかり、本人にカウンセラーの存在を知ってもらえる利点があります。しかしあなたが心配しているように、本人がカウンセラーを侵入的だと感じていないかどうかに関心を払い、本人が安心できるようにアプローチしていくことが重要です。本人がカウンセラーのことを、登校を強要しないし、自分のことを自分の立場になって理解してくれる人だとわかると、カウンセラーが来るのを待ち望むようになるかもしれません。

家庭訪問をすることによって本人を依存的にするのはよくない、という考えはもっともなことです。しかしそれを考慮したうえでも、家庭訪問が必要だ、と判断されることがあるでしょう。

学校臨床においては、校内の廊下も家庭訪問も臨床の場である、という柔軟なスタンスが必要です。しかしそれと同時に、家庭訪問の目的を明確にし、あなたの限界もわきまえ、来談者の不利益にならないよう配慮することが大切です。家庭訪問があなたにとって負担が大きすぎる場合や、家庭訪問を継続できる可能性が少ない場合には、注意が必要です。家庭訪問を始めても、途中であなたの都合で続けられなくなり、子どもや保護者を切り捨てることになるくらいなら、しないほうがよいでしょう。その場合には、先生や保護者に相談室に来てもらうことなどを、考える必要があるでしょう。

Question 14

事件や問題行動で学校が困っているようだけど……

「学校は事件や問題行動で困っているのですが、先生方はスクールカウンセラーである私には相談しません。私も気になりますが、どう行動すればよいかわかりません」

カウンセラーとすれば気になるところですね。しかし、事件や問題行動は、その状態が刻々と変化し、それに応じた迅速な対応が求められます。そのため、「カウンセリングは緩慢な変化のプロセスである」というイメージや、「週に一日しか勤務しないスクールカウンセラーに相談しても仕方がない」という認識が学校に強ければ、あなたに相談することは敬遠されるでしょう。また、あなたが初心のスクールカウンセラーで学校になじんでいなかったり、学校側も初めてスクールカウンセラーを迎えた場合なども、学校とカウンセラーの相互理解が不十分なために、相談されにくくなるでしょう。

実際のところ、相談されてもカウンセラーとしてはすぐに役に立てないかもしれません。しかしそれでも、何があったのかを学校の構成員の一人として知っておくことによって、カウンセラーとして学校に役立つ動き方を工夫することは可能です。たとえば、話しやすい先生に、「何かあったのでしょうか」とたずねてみるのは一案です。こういった会話を繰り返して、学校の状況とニーズを少しずつ学んでいくと有益ですね。そしてあなたにできそうなことがあれば、さりげなくお伝えしておくとよいかもしれません。

また、重大な事件や事故、問題行動などがあれば、学校全体が傷ついて自信を失うこともあります。そのため、学校があなたのことを「部外者である」と認識していれば、あなたから傷口を隠したくなるかもしれません。学校は、緊急事案について、独自の対応マニュアルや支援体制を持っていることがあります。学校として迅速で直接的な対応を迫られる場合には、カウンセラーに相談するよりも、生徒指導などの先生が緊急の対応をされることが多いでしょう。そのような場合は、学校の方針を仰ぎ、また必要に応じて、あなたの派遣を決定した都道府県のスクールカウンセラー窓口の担当者や、あなたのスーパーバイザーなどと相談して、適切な活動を考えることが重要でしょう。スクールカウンセラーは、当事者へのアプローチだけではなく、学校全体の仕組みを考えて行動することが求められます。

緊急事態では、短期的には学校の担当の先生方が即時の対応をされたとしても、長期的には心のケアや再発予防の目的で、スクールカウンセラーに相談があるかもしれません。ですから学校のスタンスを尊重しながら、動向に注意をしておくとよいでしょう。

Question 15

暴力的な生徒の面接を頼まれたら

「すぐに暴力を振るってしまう生徒がいて、学校も対応に困っているようです。とりあえず、カウンセリングを受けることを条件に登校するよう指導されているのですが、カウンセリングをしていくべきか少し戸惑っています。スクールカウンセラーの安全をどうやって守りながら活動をすればよいのか教えてください」

先生としては、その生徒がどうして暴力を振るってしまうのか、そのことの理解と対応をカウンセラーに期待しているのかもしれません。まずは、心配されている先生から、その子の様子やどのようなことが心配かを、よく教えてもらうことが重要でしょう。そのうえで、このケースへのあなたのかかわり方を明確にしていくことが大切だと思います。

カウンセラーにある程度の安全感がなければ、カウンセリングはできません。ですからあなたが落ち着いて面接ができないような状況であれば、その生徒の面接をする以外の方法で、たとえば先生方へのコンサルテーションや他機関との連携などの、間接的な支援もありうるでしょう。たとえば、病態水準があなたの手に負えないほど深いケースであれば、面接をするのではなく、カウンセラーは他機関につなぐためのパイプ役になることで、生徒にとって良い結果をもたらす場合もあるでしょう。

しかし、カウンセリングをすることによって、日常場面では語れなかったストレス（悲しみや苦しみ、怒りなどの感情も含めた）が語られたり、暴力に至るプロセスがはっきり理解できてくると、クライエントの行動に大きな変化が見られることもあります。

このようなケースの場合、どのような形で援助するのがよいかを判断する際に、私は次の三つの観点を考慮しています。

(1) クライエントの問題

- カウンセリングへのモチベーションはどうか。つまり、ある程度問題を自覚して解決したいと望んでいるか、そうでないか。
- 暴力を振るう場面は特定されているか。つまり、いつも決まった場面なのか、それともそのときの気分によって脈絡なく暴力を振るうのか。
- 暴力の頻度、強度、コントロールする力はどの程度か。つまり、頻繁なのかそうでないのか。小さな物を壊す程度なのか、それとも人に大きな危害を加えるのか。制止しようとすると暴力が弱まるのか、むしろ強まるのか。
- 病態水準はどうか。自我の強度、診断や投薬の必要性はどうか。

(2) カウンセラーの問題

●暴力に対するカウンセラー自身の心身の耐性はどうか。つまり、カウンセラー自身が暴力に対してトラウマを持っていないか。性別・体格、体力・運動神経、護身術などの身体的な耐性はどの程度あるか。これまでに暴力に関する事案にどの程度かかわったか、など。

(3) 環境の問題

●面接をする場所が職員室などから離れていて、安全が確保されにくいかどうか。
●面接室に非常用ブザーがあるかどうか。
●緊急時にカウンセラーがすぐ退室できる位置に座れるかどうか。
●危険性について教職員と共通理解を持ち、協力してもらえるかどうか。

以上のような観点から、面接をするかどうかを決めます。

そして、面接することを決めたなら、あなた自身ができるだけ安心できるよう、面接の構造を工夫し環境の調整をすることが大切でしょう。たとえば、本書のもう一人の著者である古宮は、来談者が刃物などの危険物を持ち込みかねないと思ったセッションでは、あらかじめその建物の守衛さんに、「もし私が六時五〇分になっても面接室から出てこなければ、ドアを開けて入ってきてください」と頼んでから面接を行ったことがあります。

学校では、不安定な精神状態の生徒に出会うことも皆無とは言えません。ですから、来談者についての見立てと修正を繰り返し、自分にできることとできないことを見極めることも、大切な仕事です。そのためにも、特に初心のカウンセラーは、個人スーパービジョンが必要だと思います。

Question 16

思春期の男の子のカウンセリングが不安……

「私は二十代の女性のスクールカウンセラーです。先日、男子中学生が先生に勧められて来談しました。しかし、この時期の男の子は性的に目覚める時期なので、密室である面接室でカウンセリングを続けることに不安があります。異性との面接で気をつけることがあれば教えてください」

若い女性のカウンセラーですから、もっともなご心配だと思います。思春期の子どもは心身の発達が著しく、異性への性的な関心や衝動が増します。一方で、カウンセリングは閉じられた面接室で、信頼関係を深めながら問題解決を図ることを目指します。したがって、カウンセリング関係のなかで、男子生徒があなたに寄せる気持ちに性的な欲求が加わったり、母親に甘えるような依存的な気持ちが強くなることを、ある程度は想定しておく必要があるでしょう。

このような感情は、言葉によって表現され、対話の中で取り扱うことが必要です。多くの生徒はそれがかなりの程度にできるので、思春期の男子生徒だからといって、やみくもに怖がる必要はないかもしれません。

しかし、愛情飢餓感の痛みがひどく、激しい退行を起こす生徒の場合には、身体的な接触を強く求めたり、個人的な関係に発展させようとする意図が感じられて、カウンセラーは生徒を大切に感じてはいても、そうした表現をする生徒を受け止めきれなくなるかもしれません。

そのときに、カウンセラーが戸惑って急に距離を置いたりすると、その生徒は見捨てられたと感じて、さらに傷つきます。話さなくなったり、部屋から飛び出したり、来なくなったりして、カウンセリングがうまくいかなくなる可能性もあります。

あなたもこうしたことをすでに想定しておられるので大丈夫かと思いますが、必要ならば「○回は会えますが」と期間を限定したり、面接場所を閉じられていない日常に近い場所に設定したり、既婚であればそのことを伝えたりして、退行をコントロールすることもある程度は可能な場合があります。

このようなことを考えると、異性との面接を開始する前には、先生からその生徒のことを少し教えてもらうとよいかもしれません。

心配な生徒の場合には、その子の性的な衝動、愛情飢餓感、退行の度合いについて勘案して、面接環境をあなたにとって安全なものに整えたり、面接をするのがあまりに不安な場合は、その生徒のことを心配している人の相談に応じるという形で、間接的に支援する方法もあるでしょう。

Question 17

発達上の課題がある非行傾向の子どもを外部機関につなぐには

「子どもが非行を繰り返すということで保護者の相談を受けていますが、子どもに発達に関する課題があり、そのことを周りが理解できないことから、子どもの疎外感が助長されているように思います。保護者とともに本人の発達特徴を共有し、学校でできるサポートも考えていきたいと思っていますが、スクールカウンセラーは心理検査をしないことになっています。検査をしなくても理解できる部分もありますが、将来的には一度きちんと診ていただいたほうがよいと思っています。この場合、連携機関はどのようなところがあるでしょうか。また、その生徒は非行で補導されたことがあるので、警察や生徒指導の先生とのかかわりもあったようです。学校の一員として配慮すべきポイントなどもあれば、そのことについても教えてください」

外部機関についての相談ですが、その前に内部連携についてお伝えしたいことがあります。学校では、一人の生徒に対して、担任の先生以外に多くの先生方がかかわっています。クラブ顧問の先生、養護の先生、生徒指導や生活指導の先生などがそうです。そして学校では、校務によって先生方の役割分担がなされており（校務分掌）、それを知っておくことは、スクールカウンセラーが学校で活動するうえでとても重要です。ですから、どの先生が何の担当者なのかについて、先生方にお尋ねして知っておくとよいでしょう。

この事例の場合、非行事実があるので、生徒指導の先生がかかわっておられたようですね。しかし、生徒指導の先生が本人や警察などの連携機関とどの程度かかわったのかはまだわからないようですから、先生方にうかがって、理解を進めていかれるとよいと思います。

同時に、保護者が子どもの非行という主訴で相談に来られているわけですが、その問題に子どもの発達の問題が関係しているかもしれないということを、保護者の方にどの程度受け入れていただけるかも重要なポイントです。

保護者によっては、子どもの発達課題について前から気になっていたのに誰にも詳しくは話せなかったので、やっとカウンセラーと共有できた、ということで安心されるかもしれません。その場合は、外部機関への連携がスムーズにいく可能性があります。しかし、子どもの様子が少し変わっていると感じてはいたが、「特別ではない」「異常ではない」と打ち消すことによって、かろうじて心の安定を保ってきた保護者もおられます。その場合には、生徒の発達特徴を受け入れてそこに肯定的な意味も感じていただくには、保護者の不安を共感的に理解して話し合うために、ある程度の期間が必要なことも多いものです。

また生徒について言えば、発達の課題を抱えていたのに、学校や家庭などがそれを十分に理解できず配慮が不十分だったために、失敗経験を重ねてきた歴史があるかもしれません。そのせいで自信が持てなくなってしまったので、情緒が不安定になったり問題行動に走るようになってしまった可能性もあります。そして思春期を迎えるころには、他の人たちと違うと思うと不安になることが多いので、さらに発達の課題について直視するのが難しい状態になっているかもしれません。

生徒の発達課題を抱える心の準備性（レディネス）にも、配慮することが必要です。なぜなら、カウンセラーが外部機関を勧めても、本人や保護者の不安が高ければ、当日に体調を崩したりして、受診できなくなることも少なくないからです。

そして、これらの問題に一定の目途がついて、外部機関を受診されるとなれば、発達の問題を相談できる機関を探すことになります。地域の病院や医療センター、児童相談所や教育センターなどが候補として考えられます。しかし、具体的な情報について尋ねるのは、同じ地域のスクールカウンセラー、スーパーバイザー、またはあなたを学校に配置したスクールカウンセラー派遣窓口の担当者や、外部機関に詳しい先生がよいでしょう。

連携の手順（連携機関への依頼は保護者がするのか、学校を通したほうがいいのかなど）や、様式（電話で予約するのか、紹介状のようなものが必要かどうかなど）も、確認するとよいでしょう。

また、この事例では警察での指導もあったようですが、警察署によっては臨床心理士がいたり相談部門を持っているところもあるので、本人がスクールカウンセリングや医療相談機関に新たに行くことを拒む場合は、そちらで相談をしていただき、必要であれば適切な機関につないでいただくほうがよいかもしれません。その場合は、生徒指導の先生と連携することも検討事項になります。

なお、スクールカウンセラーとして外部機関を紹介する場合には、外部機関から問い合わせがあったときに学校が困らないようにするために、紹介することを学校の関係者にあらかじめ伝えておく必要があるかもしれません。

最後に、診断名がついたり発達上の課題がはっきりしたりすることによって、治療方法や配慮すべき課題が明確になり、そのことを多くの人と共通に理解できることは、貴重な大きな一歩です。しかし、だからといってすぐに治療の効果が出たり環境調整が成功したりするとは限らないので、息の長いサポートを想定しておかれるとよいと思います。

Question 18

先生の転勤で相談システムが機能しなくなったら

「スクールカウンセラーと学校をつないでくださっていた先生が転勤され、新しい先生がスクールカウンセラーの担当になりました。これまでは、心配な生徒には予防という意味でも積極的にカウンセリングを勧めていただき、連携もうまくいっていたのですが、新しい先生は、何かあったらお願いしますという、消極的なスタンスです。これまでは先生方の会議にも出席させていただいて、共に教育相談体制を作り上げてきたのに、その会議にも参加できなくなりました。すごく残念です」

前任の先生と信頼関係を築き、良い形で相談システムが機能していたとのことですから、とても残念なことですね。戸惑いと喪失感も相当におありだと思います。また、予防的なスタンスはとても大切な視点なので、新しい担当の先生にも、そのことを早く理解していただきたいお気持ちでしょう。

ひとつの案としては、新しい担当の先生にこれまでの経緯を率直に話して、同様の方法で活動したいと提案することがあります。しかし場合によっては、新しい先生が、「消極的な」教育相談システムを取ろうとしている理由を、あなたが理解しようと努めることが大切なこともあります。

後任の先生が他校から来られたということなら、新しい環境に慣れるために多くのエネルギーを使われるので、教育相談システムにかかわる準備がまだ不十分なのかもしれません。あなたが「学校」という新しい臨床の場に馴染むために時間が必要であったように、転任してこられた先生にも時間が必要です。

また、以前の学校で教育相談システムがうまく機能しており、そのイメージを固持されているのかもしれません。それならば、そのイメージを教えていただきましょう。それによって共通理解の手がかりが得られるかもしれません。または、何らかの理由から、スクールカウンセラーとの連携を密にすることに戸惑っておられる状態なのかもしれません。

しかし、別の視点から考えると、あなたが感じておられる前任の先生への喪失感を、他の教職員の方々も感じているかもしれません。学校は教職員の転勤を毎年経験していますから、自浄作用がさまざまなところで起こってくる場合がありますので、その方々が、何らかの形で戸惑いや喪失感を表現したり、システムの改善に向けて行動したりすることがあるかもしれません。それに対応していくことで、新しいシステムが形成される可能性もあります。必要なものは、形を変えても残るように働くのではないでしょうか。

以前と異なるシステムになって、はじめは活動しにくいでしょう。でも学校全体の力を借りながら、より良い教育相談体制を再構築していく方向を探っていくのも一案です。

第II部

傾聴カウンセリングの実践

第II部では、個人面接の場面において、傾聴カウンセリングではどう来談者を理解し、具体的にどう応答することが援助的なのかについて考察します。

まずは、効果的なカウンセラー訓練について、著者の一人である古宮が感じていることをお伝えします。その後に、架空の来談者七名の発言が出てきます。それらへの応答を紙上で練習し、検討します。

1◆カウンセラーの責任

心理カウンセリングは、人々の人生に直接かかわる仕事です。カウンセラーの実力次第で、人々の人生が良くなったりよけいに悪くなったりするのです。それはたいへん大きな責任のある仕事です。

心理カウンセリングはまた、非常に高度な専門技術が要求される仕事でもあります。ちょっとやそっとの努力では、深く苦しむ人々を助けられる実力はつきません。しかし、必要な多くの努力を、真摯に、前向きに続けることで、プロとしての道が拓け、この仕事から喜びを得ることができます。ですからこの道にいるプロのあなたには、ひたむきに努力を続けていただきたい、と切に望みます。

では、具体的に何をすればよいのでしょうか。心理カウンセラーとしてのトレーニングとして特に必要なことは、次の三つだと思います。①自分がカウンセリングを受けること、②傾聴の技術練習を繰り返すこと、③個人スーパービジョンを受けること。それ以外にも、ケース検討会や講演を聴きに行く、同僚のカウンセラーと話をする、など有益な活動は多くありますのでそれらの研修も行ってほしいのですが、プロのあなたには特にその三種類のトレーニングを、機会を探し、また自分から機会を創って、続けてほしいと思います。そうでなければ、プロとしての力はなかなかつかないと思います。

心理カウンセリングにはさまざまな流派がありますが、傾聴を基本にするカウンセリングでは、それを実践するにあたって特に大切なことが三つあると思います。それらを説明します。

2◆人としてのカウンセラー自身

傾聴カウンセリングのプロとして最も大切なことの一つ目は、カウンセラー自身の心のありようだと思います。

私（古宮）自身は今まで、ずいぶんたくさんのセラピーを受けてきました。あるときのセッションで、私のなかに「自分は有能でなければこの世に存在する価値が低い」という、心の根深いところに隠されていた信念がひしひしと湧き上がってきたことがありました。そのとき、熱くて何とも言えない辛い感情がカーっと体中に上がってきた感覚を、今もよく覚えています。

カウンセラーのそんな不安が高いほど、来談者は負担を感じます。なぜなら、カウンセラーの無意識領域から、「ぼくが劣等感を感じなくてすむよう、ぼくのために良くなってください」という無言のメッセージが来談者に伝わるからです。来談者はそれを意識的または無意識的に感じて、大きな負担になります。本来、来談者は助けを求めて来ているにもかかわらず、カウンセラーを助けることを要求されるからです。そのためカウンセリングは中断します。

私は、臨床心理士、大学院生、カウンセラーを目指す社会人の方々にカウンセリングの指導をしてきましたが、カウンセリング能力を伸ばすことに対する最も大きな障害は、彼らの抱えている未解決の心の問題だと感じます。自分の問題はほおっておいて他人（来談者）を治そうとしても、うまくいきません。

スクールカウンセラーのところには、親が「不登校の息子・娘を何とかしようとしてきましたが、どうにもなりません。どうすれば、私の問題は放ったままで息子（娘）を治せるかを教えてください」という訴えで来たり、教師が「私に問題はありません。問題なのは子ども（親）です。彼らにどう対処すればいいか、教えてください」と言ってきたりすることがあるでしょう。

彼らの言う「自分の問題は放っておいて他人を治したい」という姿勢を、カウンセラーも同じように持っているとき、援助はできないと思います。

カウンセラー自身がセラピーによって変容する過程が、傾聴のプロとしての力を伸ばす基礎になります。

3◆来談者を、そのままで大切に思う気持ち

傾聴カウンセリングで大切なことの二つ目は、来談者をただそのままで大切に思う気持ちです。私は来談者が面接室に入ってきたとき、心の中で「愛しています」と無言でつぶやきます。「大切

です」と心の中で唱えてもいいでしょう。

「ただそのままで大切に思う」とは、来談者の今のあり方をそのまま尊重する態度です。来談者の思いや行動を、あなたのニーズやモノサシや価値観に合わせて変えようとするのではなく、あなたから見れば「不合理だ」とか、「おかしい」「理解に苦しむ」としか思えない行動をしてしまう来談者のことを、できるだけ理解しようとするとともに、来談者のそんなあり方をそのまま尊重しようとする態度です。

たとえば、来談者が緊張のあまりオープンに話せないとき、雑談をして話させようとすることは、来談者をそのまま無条件で受け入れる態度ではありません。また、来談者があなたに反抗的なとき、その反抗心を鎮めようとすることも、来談者を無条件で受け入れる態度ではありません。大切なことは、オープンに話せない彼・彼女の気持ち（あなたへのおびえか、反抗か、またはそのどちらでもない別の思いかもしれません）を理解しようと努め、そんなあり方をそのまま尊重する態度が大切です。

4◆来談者が経験していることを、自分のことのように想像すること

傾聴によるカウンセリングで特に大切なことの三つ目は、来談者が表現していることをできるだけ彼・彼女の身になって、ひしひし、ありありと想像しながら一緒にいることです。来談者が語っ

ている内容について、単に言葉でわかるレベルの理解ではなく、彼・彼女の思いを想像しながら、できるだけ自分のことのように想像して感じようと努めることです。

たとえば、来談者の生徒が「フラれて悲しいんです」と言えば、あなたは「ああ、そうなんだ」と思うだけではなく、また、それを「フラれて悲しいのね」と単に言葉で返すのではなく、彼・彼女の感じている悲しさを、あたかも自分のことのように、できるだけありありと想像しながらそこにいることが、共感的なあり方です。

また、来談者がオープンに話せないとき、単に「この人は話しづらいんだな」と考えるだけではなく、彼・彼女はなぜ自由に話せないのか、その気持ちを想像することです。

たとえば来談者は、あなたから悪く思われるのではないか、と不安だから話せないのかもしれません。その不安に思いを馳せることが大切です。あるいは、あなたに腹を立てているから話すことを拒否しているのかもしれません。その場合には、彼・彼女の怒りと、その底にあるあなたに反抗せざるを得ないほどの傷つきを、できるだけ彼・彼女の身になって理解しようという態度で来談者と一緒にいることが大切です。

同時に、話がしづらい子どもの場合には、心理的な課題以外に、抽象理解の能力（状況や気持ちや考えを、概念化したり、言語化したり、客体化したり、関係性をとらえたりする）が特に低かったり、何らかの発達障害を持っている可能性もあります。そのような問題がある場合は、その特徴を周囲や本人と建設的に分かち合い、対応をしていくことも大切になります。

ここまで、傾聴カウンセリングで特に大切なことをお伝えしました。これらの理念を、実際の対話ではどう活かせるのかを、次からの各章で一緒に学んでいきましょう。

Exercises 序章

応答の練習

ここからは、話し手の発言に、理解的で受容的に応答する練習をしましょう。次章から七人の来談者が登場します。彼らは悩みごとをあなたに話すために来ました。彼らの発言を聞いて、あなたなら何と返答するかを書きましょう。ただ読み進めるのではなく、必ず書きましょう。

まず来談者の発言を載せますから、あなたの応答を【あなたの応答】欄に書き込みましょう。その次のページからは、その来談者をどう理解すればよいのかを解説します。続いて代表的な応答をいくつか挙げて解説しますので、あなたの応答とそれらの応答とを比べましょう。

ここで、紙上応答練習に入る前に、傾聴の練習で特に重要なことを、二つお伝えします。

傾聴の本質は、何と言って返すか、ということよりも、来談者の気持ち、考え、伝えたいことを、できるだけ来談者の身になって、ありありと、ひしひしと想像し、理解することです。浅い理解やまずい理解のまま言葉だけをオウム返しにしても、傾聴にはなりません。

傾聴の練習で大切なことの二つ目ですが、あなたが書いた応答と私が用意するさまざまな応答例を比べるとき、「教科書どおりの正しい応答ができたかどうか」を評価するような態度で学ぶのは、あまり有益な学び方ではないと思います。

もしもあなたの応答が、(私の解説によると)あまり援助的ではない応答に近かったときには、あなたの感じ方、考え方を〝間違い〟とするのではなく、なぜあなたはそう応答したのかを大切に検討しましょう。そのうえで、より援助的な見方であるとして本書で説明されている応答について検討されると、有益だと思います。

大切なことは、来談者理解についての私の解説のどこにどう賛同できるか、そしてどの部分に賛同できないかについて、あなたの考えを明確にすることです。そして、私の解説のなかであなたにとって有益な部分を取り入れるとよいでしょう。

繰り返しますが、何を言うか、は傾聴カウンセリングにおいて本質的に大切なことではありません。それよりも、来談者をどれだけ深く広く共感的に理解できるか、が大切です。

また、傾聴の力をつけるには、実際にあなたの応答を書き出しながら学び進めることが必要です。ただ読むだけでは、学んでいる気持ちはするかもしれませんが、実践力はつきません。**必ずあなたの応答を書き出しながら学んでいきましょう。**

Exercises 1章

視線恐怖・対人恐怖を訴える高校一年生の男子

「クラスのみんながぼくをジロジロ見るんです。ぼくのことをヒソヒソと噂したり、笑ったりしているように感じるんです。だから学校に行けません」

あなたなら、来談者のこの発言に何と言って応答しますか。

次ページの【あなたの応答】欄に書いてみましょう。

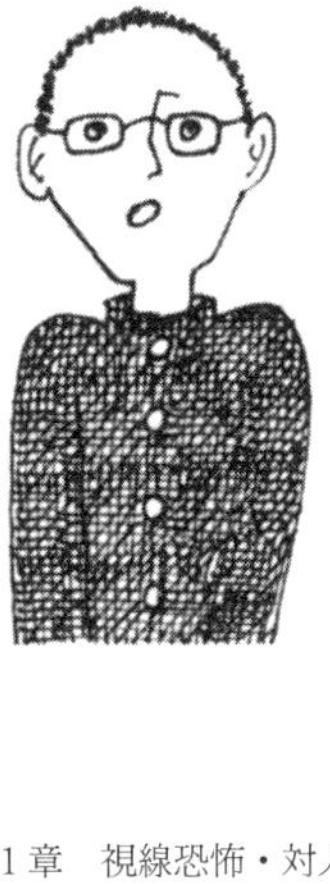

【あなたの応答】

解説●――来談者を理解するために

1◆了解すること

このような対人恐怖、視線恐怖の訴えは、思春期に始まることが多いと思います。他人から良く思われるか、自分は同世代のなかで対等にやっていけるか、などが気になる年頃だからです。人を共感的に理解するには、まずその人の訴えを了解することが必要です。たとえば、「結婚を考えていた恋人にフラれて、すごく悲しいです」という訴えなら了解もしやすいので、「ああ、それは悲しいだろうな」と思えます。

それに比べてこの男の子の、「みんながぼくをジロジロ見て、ヒソヒソと噂話をして、嘲笑する」という訴えは、了解しづらいものです。なぜなら、このような訴えをする人は、「周りのみんながいつもぼくをジロジロ見ていて、彼らが笑っているときにはぼくを嘲笑しているし、彼らが話しているときはぼくの悪口を言っている」と感じているからです。聴き手は「それは現実ではない」と思うでしょう。

この男子生徒のような訴えは了解しづらいので、カウンセラーはしばしば訳がわからず、根ほり葉ほり質問をしたり、その訴えが非現実であることを説得したくなります。たとえば次のような質問です。


「みんながあなたをジロジロ見るなんてことはないと思うけどなあ。確かめてみた？」

「具体的に何を言われているの？」

「あなたの悪口を言っているのはクラスの誰なの？　全員？　それとも特定の人？」

「何を根拠にそう思うの？」


しかし、これらの質問は効果的ではないでしょう。来談者には、彼の苦しみが理解されていないことがわかるし、そもそもそれらの質問をされたところで、本当の答えは自分でもわからないからです。

2◆傾聴カウンセリングの限界？

では、この訴えを了解することは不可能なのでしょうか。了解が不可能なら共感的に理解することはできないのでしょうか。ときどき「傾聴と共感は心理的に健康な人には効くが、（うつ病や妄想など）重度のクライエントには、それではダメだ」という意見を言う人がいます。本当にそうでしょうか。たしかに、病的な幻聴や幻覚など精神疾患が心配な場合や、不眠や痛み、気分の変動など心身の不調が激しい場合は、医療機関を紹介することが重要な助けとなるでしょう。この男子生徒のような来談者も理解が困難なので、傾聴カウンセリングによって助けることはできず、たとえばお医者さんにリファーして薬物療法をすることが主な援助法になるのでしょうか。

私の経験では決してそんなことはありません。ここからは、この来談者のような視線恐怖・対人恐怖の症状に苦しむ来談者の訴えを理解する見方のひとつをお伝えします。

3◆投　影

この来談者のような視線恐怖・対人恐怖の症状は、投影（または外在化）という防衛機制によって生じることが多いと思います。この男子生徒は、「周囲の人間がぼくを悪く思っている、バカにしている」と感じていますが、それは実は、彼自身が他の人々に対して抱いている思いです。

彼は他人に対して激しい怒り、軽蔑心を抱いていますが、その思いはあまりに激しすぎて危険なため、自分の感じているものとして認めることができません。すると彼は、激しい怒りや軽蔑が自分の心にあるものだとは認められず、何か訳のわからないフツフツとした恐ろしいものが自分の中にある、と感じます。そして彼は、心の中の恐ろしいフツフツを、「自分の外から来たもの」と経験するのです。つまり、「周囲の人間たちのせいで、ぼくはこんなに激しい不安を感じているのだ」と解釈します。そしてこれが、「周囲の人間がぼくを悪く思っている（攻撃している、バカにしている、など）。だからぼくは不安なのだ」という感覚の源です。

4◆発達的な問題がある可能性

ここまで、対人恐怖症状を理解するためのひとつの見方をお伝えしてきました。しかし、対人恐怖には、他の要因も関連しているかもしれません。たとえば、過去に周囲から馬鹿にされたりからかわれたりしたことによる深い傷つきがあって、自信のなさ、劣等感につながっていることもあります。その場合に、外部の人々から圧倒される恐れや不安を感じていて、それが対人恐怖の訴えとして表現されていることがあるかもしれません。

また、コミュニケーションが苦手な発達障害などのある子どもでは、自分のいる状況やその場の空気がわからないことがあります。また、他の人たちとの関係性がうまく理解できないこともあります。そのために的外れな反応をしてしまって、周囲の人たちから首をかしげられたり変な目で見られたりすることがあります。ところがそんな子どもは、自分が状況をうまく理解できていないことは自覚できず、拒否された、嫌われた、ということだけが感じられるようです。このような体験が積み重なって、対人恐怖的な訴えをすることがあります。

5◆親への憎しみ

話を、他人に対する抑圧された激しい怒りに戻しましょう。そもそも彼は、どうしてそんなに激しい怒りや軽蔑心を抱かざるを得ないのでしょう。それは具体的には、これからカウンセリングが進むにつれて、少しずつ明らかになっていくことです。しかし、より一般的なレベルで説明すれば、その根源には親に対する激しい怒り、憎しみがあると私は考えます。

この男子学生のような、かなり現実離れした妄想を抱かざるを得ない人は、ひどく悲惨な幼少期の親子関係を生きたはずです。彼はかなり幼いころに、親による非常に激しい愛情のはく奪、拒絶の体験を重ねたはずです。

もっとも、それは必ずしも彼の両親が「悪い親」だったことを意味するわけではありません。ひょっとすると彼の親は、愛情深く一生懸命に彼を育ててきたかもしれません。ただ、親子のあいだに何らかのすれ違いが生まれ、それが高じて、幼かった彼は「親はぼくを愛していない。ぼくを嫌っている」と確信するようになったのかもしれません。実際のところ、スクールカウンセラーは来談者から「私の親はいかにひどい親か」を聞かされることが多いものですが、ご両親に会う必要ができて恐る恐る会ってみると、「ごく普通の人だなあ」という印象を持つことが多いものです。

6◆抑圧せざるを得ない親への憎しみ

この男子生徒の親が〝悪い親〟だったかどうかはともかくとして、この生徒は、親に対する怒りや憎しみが「あまりに激しすぎて、何が何でも抑えつけなければならないほど危険なものだ」、と無意識的に感じているはずです。彼にとっては、もしそれが表面化すれば、親にひどい暴力を振るったり、ときには親を殺しかねないほどの、強烈な憎しみであるように（無意識の領域で）感じられます。

さらにまた、親を憎むと、親からの愛が得られなくなります。彼は幼いころから、親から無条件に愛された、という感覚がひどく乏しく育ったため、心の中は深く激しいさびしさ、空虚感でいっぱいです。ですから彼は親を憎んでいると同時に、親の愛情をものすごく強く求めてもいます。そんな彼にとって、親への憎しみを表現すれば親からさらに拒絶されますから、親への激しい怒りはあってはならない危険なものなのです。

このような理由から、彼は無意識のうちに、怒り、憎しみを抑圧しようと必死でがんばります。心をそうして固めると体も固まります。ですから彼の身体の筋肉は硬直しているはずです。それはしばしば顔の筋肉にも表れ、カタく無表情になります。

7◆すべての人々から関心を得なければ耐えられないさびしさ

この生徒の「みんながぼくをジロジロ見て、噂をしている」という訴えはまた、彼の激しいさびしさから来ているものでもあります。彼は深いさびしさに苦しんでいるため、「すべての人々がぼくに関心を注いでいる」と信じなければ、あまりに強烈なさびしさに耐えられず、つぶれてしまいそうなのです。

心の健康度がより高い人なら、「もっと人から好かれたいけど好かれないからさびしい」と感じます。しかし、孤独感があまりに激しすぎて耐えられないほど苦悩する人は、「みんながぼくに注目している」と確信します。「みんなが悪口を言う」というネガティブな関心であっても、悪口さえ言ってもらえないほど無視されるよりはマシなのです。

しかし彼は、人々の関心を求めてやまない欲求を抑圧しているようです。つまり、自分が人々の関心をひどく必要としていることに、気づいていないでしょう。なぜ気がつかないかといえば、彼は周囲の人々はすごく攻撃的で批判的だと信じているため、そんな人々の注目を求めることは、あまりに危険なことだからです。

8◆妄想は必要なもの

このように見てくると、この生徒にとって対人恐怖の妄想は、彼が何とか心理的に持ちこたえるために必要なものなのです。というのは、もしも他人が彼のことを悪く思ったり、攻撃したり、嘲笑したりしていないとすれば、彼が感じている不安は、外から来たものではなく彼自身のものである、という耐えがたい事実に直面しなければならなくなるからです。また同時に、周囲の人々は、彼が想像しているほど彼のことに関心は抱いていない、というあまりに孤独すぎる事実にも直面しなければならなくなるからです。

ですから、彼の対人恐怖・視線恐怖の訴えをカウンセラーが正そうとすれば、彼は必死で抵抗します。彼はそれがなければ持ちこたえられないからです。

それを理解しないカウンセラーは、彼の苦しみが理解できませんし、また彼を変えようとするので、カウンセリングは遅かれ早かれ中断します。それは、「傾聴と共感のカウンセリングは役に立たない」から中断するのではなく、来談者の苦しみについて傾聴も共感もできていないから、カウンセリングが役に立たないのです。

9◆来談者の変化をどうサポートできるか

傾聴カウンセリングのカウンセラーが行うことは、「来談者の思いや行動を、カウンセラーのニーズやモノサシや価値観に合わせて変えようとするのではなく、そんな思いや行動をせざるを得ない来談者のことを、できるだけ彼・彼女の身になって自分のことのように理解しようとするとともに、来談者のあり方をそのまま尊重すること」です。

カウンセラーがそれをできればできるほど、そして共感的で受容的なあり方を来談者に伝えることができればできるほど、来談者の心に変化が生まれやすくなります。

この生徒の場合にまず大切なことは、彼の対人恐怖の苦しみに共感的に対応することです。根ほり葉ほり聞き出そうとか、彼の考えが非現実的であることをわからせよう、などとすればするほど彼は心をより固くするでしょう。一般論として、傾聴カウンセリングで大切なことは、来談者の主訴の苦しみに共感的に対応することです。

ですから、彼のひどい苦しみをできるだけ想像しながら、そしてその苦しみに思いを馳せながら、一緒にいることが大切です。そしてまた、カウンセラーの理解を時々にでも言葉で伝えることが必要です。どんな言葉でカウンセラーの理解を伝えれば援助的な介入になるのかは、この後の応答練習で検討しましょう。

10◆この生徒のカウンセリングはどう進むか

この男子生徒の感じている恐怖に共感的に対応していくと、彼の怒りが徐々に表現されるようになります。怒りの対象は、クラスメートや教師など、さまざまな人々に向けられるでしょう。対人恐怖の下に隠されていた怒りが表現されることは、とても重要な治療的変化です。ですから、その怒りの表現には丁寧についていて行きましょう。

来談者によっては、初回面接などのカウンセリングの早い時期から怒りを感じて表現する人もいれば、ずっと時間がかかる人もいます。また、「あいつは本当に腹が立つ！」「あの人が許せない！」など、怒りをストレートに表現できる来談者もいれば、「なぜあの人はあんなことをするのかわからない」「ちょっと不服」「ちょっとイラっとした」など、抑制された表現をする来談者もいます。または、怒りや不満を言葉にはできず、イライラした声の様子や表情として表現されることもあるでしょう。そして、怒りが表現されたときには、カウンセラーがそれを取り上げて言葉で返すことが効果的です。たとえば、次のような介入がありうるでしょう。

「○○さんがなぜあなたにそのようなことをするのか、ちょっと理解できないんですね」
「そのとき、ちょっとイラっという気持ちがしたんですね」

「少し、『不服だ』という気持ちもあるんでしょうか」

来談者は、自身の怒りが無意識的に怖くて怖くてたまらないので、カウンセラーが彼の怒りに共感的かつ繊細に対応するとき、「このカウンセラーは怒りを恐れていない」「怒りの感情は安全だ」ということが、少しずつ、少しずつ、来談者に伝わりやすくなります。

来談者が、自身の抑圧された怒りや憎しみを、カウンセリング・セッションの中でより生き生きと感じて言葉で表現するにつれ、対人恐怖の症状が軽くなることがしばしばあります。

11◆愛情の飢餓がカウンセラーに向けられる

対人恐怖の強い来談者ほど、耐えがたいほど激しい愛情飢餓感と孤独感に苦しんでいます。ですから対人恐怖に苦しむ人は、正確に言えば人が怖いのではなく、反対に人の愛情と関心をものすごく激しく求めています。ただ、その愛情と関心をもらえない可能性が怖すぎるのです。

そのような苦悩を抱える来談者は、激しい甘えの欲求をカウンセラーに向けるようになります。これも、たいへん重要な変化です。これが起きてこそ、来談者が根本的に変化し成長するための素地ができたことになります。しかしそれは、カウンセラーにとって不安なことでもあるでしょう。カウンセラー自身の中にある同じような愛情飢餓感、対人恐怖の心性が刺激されるからです。ですから、カウンセラーが個人セラピーを受けることが大切なのです。また同時に、有能な心理臨床家のスーパービジョンを定期的に受けながら、来談者に会い続けることも必要です。

カウンセラーに対する来談者の甘えの欲求は、たとえば次のような行動として表現されます。セッションの延長を求める、カウンセリング室以外で会うことを求める、予約時刻に遅れてきて終了時刻を延ばすよう求める、突然電話をかけてきたりカウンセリング室に現れたりして、今すぐ面接をするよう求める、来談者に代わって担任の先生や家族やクラスメートに働きかけるよう求める、カウンセラーの個人的な事柄を知りたがる、いつものセッション曜日・時刻を変えるよう求める、などなど。

このようなとき、カウンセリングの枠を守ることが特に重要になります。面接の終了時刻を守る、面接をする場所はカウンセリング室だけにとどめる、カウンセラーの個人情報は明かさない、などです。

12◆カウンセラーの感情が揺さぶられる

しかし、臨床の実践においては、それらの枠を、いつもいつも杓子定規に守って変えないことが、必ずしも適切な対応だとは限らないこともあります。枠をどうやって守るか、どうやって破るかは、微妙な臨床的判断が必要とされる場面です。

また、しんどい来談者ほどカウンセラーの感情を揺さぶりますから、カウンセラーが自分自身の感情にどう対処するかが、とても大切になります。さらに、しんどい来談者ほど多くの人々を巻き込んで問題を起こすので、それらの問題への対応もたいへんになります。

ですから、繰り返しになりますが、経験年数の浅いカウンセラーが来談者に対応するときは特に、人の人生にかかわるプロとしての重い責任を果たすために、必ず有能な心理臨床家のスーパービジョンを定期的に受けながら、対応を続けることが必要になります。

ではここから、この生徒の訴えに対するカウンセラーの応答の例をいくつか取り上げて、検討しましょう。

【応答例1】

A「みんながあなたの噂をしているってことはないと思うけど……それって、自意識過剰じゃないかな」

B「それって、気のせいだってことはないかな」

解説してきたように、この男子生徒には、「みんながぼくを見て噂をしている」という妄想が必要なのです。それがなければ彼は自分を保てないのです。カウンセラーに必要なのは、彼の自意識過剰にならざるを得ないどうしようもない苦悩、そうしなければ自分を保てない苦悩を、理解し受容することです。ところが【応答例1】のような介入をするカウンセラーには、それがわかっていませんから、このままでは近いうちにカウンセリングは中断するでしょう。

【応答例2】

A「実際にあなたのことを噂しているのを聞いたことはありますか」

B「見られている気がするだけですか。それとも本当に見られているのですか」

カウンセラーがこのような質問をするときの意図は、「現実検討能力がどの程度あるかを確認しよう」というものか、または「彼の妄想が非現実的であることに気づかせよう」というものでしょう。

しかし、いずれの意図であっても、【応答例2】のような介入は、あまり役に立たないことが多いと思います。なぜなら、カウンセラーは、来談者の苦しみを彼の身になって理解しようとはしていないからです。さらには、彼の苦しみを理解するどころか、その反対の、彼を変えようという意図さえ来談者に伝わりかねません。そうなれば、苦しみが深く激しく現実検討能力が低くなっている来談者であれば、彼の見方の正当性を主張しようとして、いっそう妄想に固執するでしょう。

「本当なんです。みんなが本当にぼくの噂をしてジロジロ見るんです！」という具合です。

　また、現実検討能力が比較的高い来談者であれば、「いえ、本当は、みんながぼくをジロジロ見たり噂をしたりしているわけではないかもしれません。ぼくの考えすぎかもしれません」のように答えるでしょう。この男子生徒はそちらに近いでしょう。というのは、彼は「ぼくのことをヒソヒソと噂したり、笑ったりしているように感じるんです」と述べているからです。つまり彼は、彼の妄想が現実的ではないことに、少しは気づいているようです。

　しかし、「本当にみんながぼくをジロジロ見ているわけじゃないと思います」と答えたところで、彼の苦しみは減りません。かえって、「カウンセリングの場で非現実的なことを話すと訂正される」と思うので、「自分の苦しみがいかに激しいか」を正直に話すことができなくなります。

　もっとも、来談者の心の動きに沿わない質問は、傾聴の邪魔になりますが、学校臨床の現場においては、早急に見立てを求められることがあります。不可解な言動をする子どもについて、自傷・他傷の危険がないか、どのようなことに気をつけて子どもを見ていけばよいのかを求められるのがその例です。そのような場合には、傾聴だけではなく、面接室外での対応が求められることもあります。

　たとえば、子どもが「死にたい」と訴えた場合には、それを実行する可能性がどの程度ありそうかについて、質問を重ねて情報を得て判断することが必要ですし、先生方と保護者と協力して対応する必要も出てくるでしょう。

　スクールカウンセリングの実践にあたっては、傾聴のできるカウンセラーが、その場面に応じて傾聴以外の必要な対応も行うことが重要になります。そのとき、自分だけですべてを決めたり、自分がすべてを背負うのではなく、スーパーバイザーなど他の専門家たちのコンサルテーションを仰ぎながら、対応しましょう。

【応答例3】
「いつごろからそう感じるようになったの」

一般に、何らかの症状が始まったときには、来談者に何かの変化があったはずです。ですからカウンセラーは、症状が始まったころに来談者に何らかの内的・外的な変化が起きたはずだ、と思って面接をしていくと、来談者のことをより良く理解する助けになるかもしれません。ですから【応答例3】のように質問し、さらにその症状が始まったころにどんな変化があったかを来談者と一緒に検討していくと、有益かもしれません。

しかしそういう方針を取るにしても、私なら来談者の話にもっとついて行ったあとで、質問をするでしょう。**傾聴カウンセリングで特に大切なのは、来談者の主訴の苦しみに共感的に応答すること**だからです。ですから私なら、症状がいつ始まったのかをたずねて来談者の話の内容を変えることはせず、この段階では特に、主訴の苦しみを語る来談者の話の流れについていきます。

【応答例4】
「どうしてそう感じるのですか」

カウンセラーが、どういうメカニズムで来談者の症状が起きているのかを理解できず不安なため、その不安を行動化してこのような質問をすることがあります。でもこのような質問をされても来談者には答えられません。答えたとしても、せいぜい合理化した答えを言うのが精一杯です。たとえば「だって、ぼくと目が合うとみんな目をそらすんです。その様子から、ぼくをジロジロ見ていたことがわかるんです」など。

来談者が、なぜ彼・彼女が症状に苦しまざるを得ないかについて、本当の答えを実感を込めて答えることができるぐらいなら、心の葛藤を症状として表す必要はありません。ですから、そもそも症状に苦しむことはなかったはずです。

「どうしてそう感じるのですか?」のような質問をしたくなるカウンセラーに必要なのは、症状形成のメカニズムを理解するための、理論の学びです。本書では、来談者自身にも答えられない苦しみについて、なぜ彼・彼女はその症状にそこまで苦しまざるを得ないかを、精神分析的な見地から説明しています。

【応答例5】

「ぼくもそんなふうに感じることがあったよ。よく話してくれたね」

■共感とは

多くのカウンセラーは〝共感〟について誤解しています。この介入をするカウンセラーは、その典型です。

まず、「ぼくもそんなふうに感じることがあったよ」という発言について検討しましょう。

共感とは、来談者が経験していることを、カウンセラーが「あたかも自分のことのように」できるだけ来談者の身になって、ひしひしと、ありありと理解することです。しかし、カウンセラーが来談者とまったく同じ経験をすることは不可能ですから、一〇〇パーセント正確な共感はあり得ないでしょう。カウンセラーにできることは、自分の過去の体験から類似する経験を抜き出し、それを基にして来談者の経験を推測することです。

■あるカウンセラーの思考の仕方

では、来談者の経験を推測するということを、例を挙げて説明します。私がある事例研究会に参加したときのことでした。不登校の男子児童の事例が提出されました。その児童は、担任の先生と両親から無理やり車に押し込められて、登校させられた経験がありました。そして小学校に着いて車から降ろされた瞬間、校舎の屋上からまるで大量の矢が彼を目がけて一斉に飛んでくるように思えたのです。彼は激しい恐怖でパニックになりました。

それを聞いて、ある優秀なカウンセラーが発言をしました。「私は、校舎から矢が飛んでくると感じた経験はありません。でも、私の中に連想が浮かんだんです。私は、悪夢から目覚めて『あれは夢だったんだ。ああ、怖かったー』と思ったことが何度かあります。で、このケース発表を聞いていて思ったんですが、その子が経験しているのはひょっとしたら、その悪夢が決して覚めることなく毎日ずうっと続いている、そんな感じなのかな」。

このカウンセラーがしたことは、来談者の経験を理解しようとして、自分の過去の経験を引っぱり出してきて、来談者の気持ちをできるだけ、ひしひし、ありありと想像しようとすることです。こういうあり方が共感に必要だと思います。

■「私も同じような経験をしました」

しかし、想像することと、【応答例5】ように来談者に言うこととは別です。なぜなら多くの場合、カウンセラーが経験した苦しみよりも、来談者の苦しみのほうがずっと深く激しいからです。ですから来談者は、「このカウンセラーはぼく・私の苦しみがどれほど大きいか、わかっていない」

と心の隅で感じるでしょう。同様に、「そんなことを言うけど、カウンセラーの先生は学歴も身分もちゃんとあるじゃないか。そんな人に、ぼく・私の苦しみがわかるものか」と感じるかもしれません。

■無条件の尊重

さらに、【応答例5】の「よく話してくれたね」という発言を、検討しましょう。

カウンセラーのこの介入は来談者に、「ここでは話をしないといけません」、もしくは「ここでは話をすることが正しいことです」というメッセージを伝えるかもしれません。それは無条件の尊重に反します。来談者を無条件に尊重するとき、話してもいいし、話さなくてもいいのです。ですから「よく話してくれたね」と言うと、来談者-カウンセラー関係が、正しいことをすれば受け入れてくれるが、正しくないことをすれば受け入れてもらえかねない関係になるため、来談者にとって安全ではなくなります。無条件に尊重する人間関係ではなくなる、とはそういうことです。

また、カウンセリングとは、来談者のためにカウンセラーが働くものです。ですから、来談者がカウンセラーのために何かをしてあげる必要はありません。

■カウンセラー中心療法

ところが事例検討会などで、カウンセラーが「来談者は心を開いて話してくれました」と話すのを聞くことがあります。そのような言い方は、カウンセラーの持つ反援助的な態度の表れかもしれないなあ、と思います。というのは、来談者はカウンセラーに心を開いても開かなくてもいいし、話しても話さなくてもいいのです。それが無条件の尊重です。ところが、カウンセラーが「来談者は心を開いて話してくれました」と言うとき、そこには「来談者から信頼されたい」「来談者から良いカウンセラーだと思われたい」「来談者が話をすることによって、カウンセリングらしいことをして、自分が能力のあるカウンセラーだと思いたい」という、カウンセラーの必要性が見え隠れしているかもしれない、と私には思えます。

カウンセラーが自分自身のそのような必要性を満たすために来談者を利用するとき、来談者中心ではなく、カウンセラー中心になります。ですから、「よく話してくれたね」と言えば、カウンセラーから来談者に、「カウンセリングでは話すことが正しいことであり、（あなたに話してほしいという）私の欲求をあなたが満たしてくれることを求めます」というメッセージを伝えることになります。

■面接室外での対応が必要な場合

ここまでお伝えした原則を踏まえたうえで、理解していただきたいことがあります。

スクールカウンセリングの現場においては、面接室外での対応が必要な場合があります。たとえば、子どもが虐待や性暴力の被害を受けている疑いのある場合がそうです。その事実を、子どもはなかなか打ち明けられないこともよくあります。その場合には、ときには来談者の話す内容についていくだけではなく、事実を話すようカウンセラーが促すことが必要になるかもしれません。また、事実を話してくれた子どもに、「話しづらいことをよく話してくれたね」と伝えることもあるかもしれません。

このような介入をするほうが良いかどうかは、そのつど判断する必要があります。その判断力を伸ばすためにも、スーパーバイザーなどからコンサルテーションを受けながら、日々の心理臨床実践を行いましょう。

【応答例6】
「クラスのみんながあなたをジロジロ見るし、あなたについてヒソヒソと噂したりするんですね。それに、あなたのことをあざ笑ったりもしているようにも感じるんですね。だから、学校に行けないんですね」

■最も大切なポイントを理解して返すこと

この応答はオウム返しになっており、長すぎます。カウンセリングで大切なことは、来談者が表現している最も大切なメッセージを理解して返すことです。ですから、来談者の話す内容をこと細かに頭に入れようとか、来談者の話したことをすべて返そうとするのは、カウンセリングの本質を見失ったあり方です。また技術的には、カウンセラーの発言は短いほうがいいです。

初心のカウンセラーのなかに、来談者の話の内容について細かなことまで正確に聞こうとするあまり、重要ではないことに神経を使ったり、セッション中に来談者の発言を一生懸命にノートに記録したりする人がいます。

しかし大切なことは、来談者が表現していることの大切なポイントを理解することと、来談者がセッション中に感じている感情を理解することです。ですから、客観的な内容を正確に記憶することではありません。

■カウンセラーの不安

来談者の話す内容を書き取りながら面接をすること自体が悪いことだとは思いませんが、もしもそうする意図が、来談者の話をすべて正確に理解しなければ来談者に怒られて困るから、というものであるなら、カウンセラーはその意図が起きてきた自分自身の心の動きを、十分に吟味する必要があると思います。というのは、それは「来談者から良いカウンセラーだと思われなかったらどうしよう」という、逆転移による不安から来るものかもしれないからです。その意図からメモを取るのは、「いま・ここの来談者の気持ちを理解する」という来談者の必要性を満たすよりも、「来談者から好かれたい」というカウンセラーの欲求を満たそうとしているのです。

カウンセラーがメモを取らなければ、細かい点は聞き逃したり忘れたりするでしょう。それでいいのです。カウンセラーは、対話における重要な内容は覚えているものです。もし来談者にとって重要な事柄をカウンセラーが覚えていなかったときは、その食い違いがなぜ生じたのかを検討することによって、来談者について、そしてカウンセリングで何が起きているかについて、大切なことが見えてくるでしょう。

たとえば、来談者の心に何らかの矛盾があるため、彼・彼女にとって重要な内容なのに、軽く何気ない様子でしか触れられないのかもしれません。私がカウンセリングを受けていたとき、私が父親について話した内容をカウンセラーは忘れていたことがありました。それは私が、母親のことについては多くを語っていたのに対して、父親については浅く軽くしか話していなかったからで、そのこと自体が臨床的に意味のある現象でした。

あるいは、カウンセラーの心に何らかの抵抗があったから、来談者の話すことを覚えられなかったのかもしれません。その可能性については、スーパーバイザーと話し合って検討することによって、カウンセラーの心に何が起きていたのか、そして同時に来談者の心に何が起きていたのかを、明らかにしていくことが最も有益でしょう。

または、来談者はカウンセラーに、重要ではない細かなことまですべて覚えておくことを期待しており、カウンセラーはそれを感じとっているのかもしれません。そのときには来談者の、「私の話すことを、すべて理解し記憶してもらわないとたまらない」という激しい愛情欲求を理解するとともに、それほどの愛情欲求をカウンセラーに向けざるを得ない、彼・彼女の孤独感、愛情飢餓感に思いを馳せて面接をすることが大切です。

■来談者の不満を取り上げる

カウンセラーであるあなたが話の内容のすべてを覚えていないからといって、来談者が不満を持ったり怒ったりしたなら、それを共感的に取り上げることが有益です。


「私がそのことを覚えていなかったので、がっかりしておられるのでしょうか」

「私が覚えていなかったので、十分にあなたに関心を払っていない、とお感じなんでしょうか」


右の介入がその例です。

もっとも、繰り返しますが、セッション中にメモを取るのが必ずしも悪いわけではありません。とくに、来談者の話に多くの登場人物が出てくる場合など、紙に書いて整理しながら話を聴くほうが聴きやすいこともあるでしょう。また、面接記録は残しておくべきでしょうし、面接の記録様式や保存期間についても指示があるかもしれません。

ただ、傾聴カウンセリングで重要なのは、来談者の話す内容をこと細かに覚えようとすることではなく、彼・彼女が表現しているメッセージのうち、大切なことを理解することです。

【応答例7】
「みんながあなたを見たり、噂をしたり、笑ったりするから、辛くて学校に行けないのね」

この介入は、来談者の伝えているポイントを簡潔にとらえていると思います。もっとも、傾聴カウンセリングで大切なことは、カウンセラーが何を言うかよりも、来談者を共感的に理解することです。ですから【応答例7】のような発言であっても、来談者の苦しみを理解することなく言うのでは、カウンセリングはうまくいきません。

しかし、この章でお伝えした、来談者のあまりに強烈な憎しみと愛情飢餓感の激しい苦しみに思いを馳せながら、共感的な様子でこのような介入をすれば、カウンセリング過程は進展するでしょう。

Exercises 2章

泣きじゃくって話すことができない中学二年生の女子

（座るなりしくしく泣き始める。涙を流し、言葉が出ないまま座っている）

あなたなら、来談者に何と言って応答しますか。

次ページの【あなたの応答】欄に書いてみましょう。

【あなたの応答】

解説●──来談者を理解するために

1◆カウンセラー自身の持つ対人不安

沈黙は気まずいものです。カウンセラーはしばしば、沈黙のときにどうすればいいかわからず戸惑うものです。

傾聴カウンセリングでは、カウンセラーが体をゆるめてゆったり座っていることがとても大切です。カウンセラーが来談者に対して緊張したり警戒したりしていると、その気持ちは来談者に伝わり、来談者にいっそうの不安や警戒心を抱かせます。

ですから、対人不安の強いカウンセラーほど、来談者は心を開きづらくなります。このことから も、カウンセラー（およびカウンセラーを目指す人）が心理療法を継続して受け、自分の心の葛藤をより高い程度に解決することが大切になります。

2◆深い呼吸で体をゆるめる

カウンセラーが面接場面でできることとして、体をゆるめることがあります。

口から息を細く長く吐いて、体全体をゆるめます。下腹部に丹田《たんでん》と呼ばれる部分があります。おへそから五センチほど下がり、そこからさらにお腹の中へ五センチほど入ったあたりです。丹田は、東洋医学などでは体の中心としてたいへん重要視される部分です。息を口からながーく吐きながら、体のエネルギーを、頭や上体から丹田のあたりに降ろすよう意識します。

私は、面接が始まったら、丹田あたりの下腹部に両手を重ねて置いています。丹田を意識しやすくするためです。そして口を少しだけ開けて、ほそーく、ながーく、息を吐きます。このとき、お腹の底の丹田から息が出ているつもりで意識します。吸う息は、鼻からラクに吸います。この息はお腹の底深く丹田まで入れるつもりで吸います。

エネルギーは意識を集めた部分に集まります。ですから、ゆったりした深い呼吸を繰り返しながら、丹田を意識するよう気をつけています。丹田にエネルギーが満ちると、いわゆる「腹が据わった」状態になります。心に安定感が出てきます。

こうして、深くゆったりした呼吸をしながら来談者の話を聞くと、面接の空間に落ち着きと安定感が生まれるように思います。

この泣きじゃくって話せない女子中学生のように、気が動転している来談者に対応するときには特に、カウンセラーはあわてず、体をゆるめて、エネルギーを頭や胸など体の上のほうではなく丹田に降ろして、一緒にいることが大切だと思います。

それは急にできるものではありません。ふだんから、丹田から深く息を吐き丹田へと深く息を吸う、ゆったりした呼吸を練習することが必要です。その呼吸ができれば、心身の緊張が和らぎ健康も向上します。ですから毎朝毎晩、いくらかの時間を割いて、ゆったりした瞑想の時間を取ることを強くお勧めします。慣れなければ五分ぐらいから始めて、慣れてくれば朝晩それぞれ十五分ずつぐらいは取るといいと思います。

3◆「行動化」について

では、なぜこの女子中学生は泣くばかりで、話せないのでしょう。

ひとつ言えることは、これは「行動化」である、ということです。「行動化」とは、何らかの感情を感じることを避ける目的で、その感情を感じたり言語化したりするのではなく、行動に移すことを言います。ちなみに、カウンセリングで多く見られる行動化のひとつが、「中断」です。カウンセラーに対する不満を言葉で十分に伝えることができず、行動に移しているのです。

この女子中学生は、何らかの感情を、これ以上深くひしひしと感じることが辛すぎて耐えられないから、泣いているのです。「感情を強く感じているから泣いている」という理解もできるでしょうが、泣くことによって、感情をそれ以上強く感じなくてすむし、また、その感情を語ることも避けているのです。

ですからカウンセラーは、この来談者は何らかの耐え難い感情に苦しんでおり、それ以上感じることも語ることもできないんだ、ということを理解することが必要でしょう。

そのうえで、カウンセラーが息を吐き、注意の一部を丹田に置いて体を感じながら座っていると、カウンセリングの場が、来談者にとって落ち着ける場になります。

では、この女子中学生は、どんな感情を十分に感じることができずに、泣くという行動化をせざるを得ないのでしょうか。それを考察していきましょう。

4◆カウンセラーへの不信感と恐怖

この女子生徒が行動化しているであろう感情のひとつとして、カウンセラーが頭に入れておくべきなのは、カウンセラーに対する不信感・恐怖感です。彼女は、カウンセラーのあなたが彼女のことを理解し受け入れてくれるかどうかが不安なので、話せないのでしょう。その点で彼女は、1章で見た対人恐怖の男子生徒と共通する、強い対人不信感を持っています。この生徒のカウンセリングをするときには、彼女があなたに不信感を感じていること、そしてそれゆえ、彼女にとってはあなたと一緒にいるのは怖いことである事実をおもんぱかることが大切です。強い不信感と恐怖感がないのであれば、おそらく彼女はあなたに話をすることができるでしょう。

この女子生徒はまた、あなたへの不信感・恐怖感以外にも、何らかの強い感情を抑圧しようとしているでしょう。それらの感情が何であるかは、彼女があなたの無条件で尊重し受容する態度を感じるにつれて、自分のことを徐々に話せるようになりますから、あなたにも彼女自身にも少しずつわかっていくと思います。

ではここから、この生徒の訴えに対するカウンセラーの応答例をいくつか取り上げて、検討しましょう。

【応答例1】

A（ティッシュを差し出す）「きつかったんだね。ゆっくりでいいよ」

B「辛いことがあったの？」（こう言って、黙って待つ）

C「話せるようになったら話してくださっていいですよ。私はそばにいますので」

D「感情があふれて、話せないんですね」

■受容的なカウンセラーの心身のあり方

【応答例1】のような応答は、この来談者のように感情が高ぶり、警戒心が強くて話せない人の場合には、適切なことが多いでしょう。これらの応答であれば、無理に話させようとしていないので、侵入的ではありません。また、カウンセラーがただ黙ったままだと、来談者は「私が話せないせいで見捨てられた」とか、「拒否された」などと感じかねませんから、その点でもこれらの応答は、カウンセラーの「私はあなたに受容的な関心を注いでいますよ」というメッセージを伝えています。

このとき大切なことは、何を言うか、ということよりも、先ほどお伝えしたように、カウンセラーが体と心をゆるめ、丹田《たんでん》にエネルギーを下ろして落ち着いて待っていることだと思います。多くの来談者は、カウンセラーが受容的な気持ちで丹田に意識を置いてゆったりと待っていれば、しばらく泣いたあと話し始めるでしょう。しかし、それでも来談者が話せないようであれば、A～Dのような応答をときどきはさむとよいと思います。

■私の経験から

私が初心カウンセラーだったころのことです。ほとんど話せない来談者に会いました。十一歳の男の子でした。この女子生徒のように泣きじゃくって話せないわけではなく、話そうという気持ちはあるけれど、緊張感と警戒心と少しの反抗心が混ざって、話す内容が出てこないし、あまり話す気にもなれない、という感じでした。

セッションにおいて沈黙を守るのが大切なときは、多々あります。それは、来談者が沈黙しながら感情や考えをじっくり吟味していたり、それを言葉にしようとして言葉を探したりしているときです。

しかし、来談者に自由連想が浮かばず、話す内容が出てこなくて話せないときには、沈黙を続けるよりも、「いま、話しづらい感じですか」とか、「話す内容が出てこない感じですか」などと介入することが必要でしょう。

話す気になれない十一歳の来談者のことに話題を戻しましょう。そのときの私は、「沈黙するとこの子にとって重荷になる」と判断しました。そこで、私は空いている椅子を持ってきてその子の隣りに並べ、その椅子と私が座っていた椅子とに交互に座り代わりながら、私は、まるで来談者と私が話すかのように、独り会話を始めました。

(私は来談者の隣りに置いた椅子に移り、来談者役をする)「このカウンセラーって、『言いたいことを何でも自由に話したらいいよ』って言うけど、そんなこと言われたって、何も話すことなんかないに決まってるだろ」

(カウンセラーの椅子に戻り、カウンセラー役をする)「急に『自由に話したらいいよ』と言われても、何を話せばよいかわからない、そんな感じかな？」

(来談者の隣りの椅子に移り)「当たり前だろ、そんなこと。自分だって、もし見ず知らずの人のところに連れて行かれて、『なんか話をしろ』って言われたら話せないに決まってるよ」

(カウンセラーの椅子に戻り)「こんなところに連れて来られて、知らない大人の前に座らされて、この人がどんな人かもわからないし、どうしろって言うんだ、そんな感じかな？」

（来談者の隣りの椅子から）「この人、ここで働いてるみたいだけど、何をする人だ？　こんな訳のわからない人に向かって、いったい何を話せって言うんだよ」

（カウンセラーの椅子から）「ぼくがどんな人かもわからないし、どんなことを言えばいいのかわからない、そんな感じかな？」

来談者は私をチラッと見ました。ほんの少し、表情がゆるんだ様子が見て取れました。

（来談者の隣りの椅子から）「この人、さっきからせっせと椅子を交互に移って一人でしゃべってるけど、ちょっと頭がおかしいんじゃないか？」

（カウンセラーの椅子から）「ここに座らされて何をすればいいのかよくわからないし、何も話すことなんかない、そんな思いなのかな？」

（来談者の隣りの椅子から）「この人、まだ一人で会話をしてるよ。ぼくは変な人をいっぱい知ってるけど、こんな変な人は知らないよ。ほんと、よっぽどおかしいよ」

男の子は私の顔を見てクスッと笑いました。男の子は少し話し、その時点でセッションを終えました。翌週にはその子は自分から少しずつ話し始め、週一回のセッションにやって来るようになりました。

繰り返しますが、傾聴カウンセリングで本質的に大切なことは、何を言うか、ということではなく、来談者の思いをできるだけ彼・彼女の身になって理解し、それを言葉で伝えることです。

【応答例2】
「泣きたいときは泣いたらいいのよ」

このように言うと、来談者は次のように感じることが多いと思います。「このカウンセラーは、泣きたいときには泣くのが良いことだ、と思っている。だったら、泣けばカウンセラーから受け入れてもらえる」。

これでは、無条件の尊重とは正反対のメッセージが伝わってしまいます。また、このような介入は、来談者の行動化を促進しかねません。行動化を促進するとは、これからもセッション中に感情が湧き出しそうになったら、それをひしひしと感じて言葉にする代わりに、すぐ泣くことが繰り返されるかもしれない、ということです。

また、セッション外でも、感情を容易に行動化するようになるかもしれません。たとえば、家族や友達と、言葉によって話し合うコミュニケーションが少なくなって理解してもらいづらくなったり、腹が立ったときにはすぐにケンカをしたりして、来談者の生活状況をさらに苦しくしかねません。

【応答例3】

A「悲しいのかな？　悔しいの？　それともさびしいの？」

B「泣いてばかりじゃわからないから、話してください」

カウンセラーは不安がかき立てられたときに、しばしばこのように尋問して問い詰めたり、来談者に何らかの行動を強要したりします。

では、カウンセラーのどんな不安がかき立てられたのでしょうか。

カウンセラーによっては、来談者がなぜ話さないのかがわからず、「このままではカウンセリングが失敗するのではないか」とか、「このままでは、来談者は心を閉じたままで、私を良いカウンセラーだとは思ってくれなくなるのでは」と不安になるかもしれません。

あるいは、「ああ、この子はあまりに辛すぎて話すことさえできない。かわいそうに。私が救ってあげなければ」と感じるかもしれません。しかし、カウンセラーが来談者を〝救おう〟とするとき、カウンセラーは自分の万能感に巻き込まれている一方で、来談者の力を信じていません。カウンセラーにそんな逆転移反応が動くのは、カウンセラーの中にある無能感や自己無価値感が原因です。そのようなカウンセラーのカウンセリングでは、来談者は本来のたくましさ、しなやかさを伸ばすことは難しいでしょう。カウンセラーの逆転移については、のちほど5章で詳しく考察します。

また、【応答例3】のような介入をするカウンセラーは、「カウンセリングを受けに来たのに話さえできない。そんな弱々しいことではダメだ」と拒否的な気持ちになっているのかもしれません。その気持ちを合理化して、「私は来談者のために、話すよう促したのだ」と考えるかもしれません。その場合も、「来談者が話をしてくれなければカウンセリングが失敗して、私が無能感を感じる」という不安が、カウンセラーの心の底にあるのかもしれません。

カウンセラーはさらに別の不安を感じるかもしれません。しかし、いずれにしても、それはカウンセラーの逆転移であり、それを行動化したのでは、来談者を傷つけたり、中断の原因になったりします。

Exercises 3章

●——中学三年生の娘が大量服薬で病院に搬送された母親

「おとといの夜のことなんですけど、居間でテレビを見ていたら、娘の部屋でドシンという大きな音がしたので行ったら、娘が倒れていたんです。娘を見たら、目の焦点が合ってないし、ろれつが回っていない。もう、大慌てで救急車を呼びました」

（つづいて来談者は以下の話をする。病院では、「何かの大量服薬でしょう」と言われ、胃洗浄をされた。そのまま一晩入院し、身体的にはもう問題はないとの医者の判断で、昨日の朝に家に帰った。娘は今は家にいる）。

「今後どうしたらいいですか。娘にどう接したらいいかと思って……」


あなたなら、来談者のこの発言に何と言って応答しますか。

次ページの【あなたの応答】欄に書いてみましょう。

【あなたの応答】

解説●――来談者を理解するために

1◆来談者の質問について

傾聴カウンセリングで大切なことは、来談者が表現していることを、できるだけ来談者の身になって、ひしひし、ありありと想像しながら一緒にいることです。ですからここでは、来談者であるお母さんの不安、心配、とまどいなどを、カウンセラーができるだけ想像しながら一緒にいることが大切です。

このお母さんは「今後どうしたらいいですか。娘にどう接したらいいかと思って」と質問をしています。来談者の質問のほとんどは、純粋な質問ではありません。純粋な質問とは、来談者に知識がなく、その知識を持っているカウンセラーが教えれば、問題が解決する質問のことです。たとえるなら、「トイレはどこですか」という質問がそれにあたります。トイレの場所を教えれば、問題は解決します。

こういった質問と違って、来談者がカウンセラーに行う質問は、そのほとんどすべてが純粋な質問ではなく、何かの婉曲な表現です。ですから、単に答えて終わり、とできるものではありません。

傾聴カウンセリングで大切なことは、「来談者が表現していることをできるだけ来談者の身になって、ひしひし、ありありと想像しながら一緒にいること」ですから、このような質問があったときも、その質問が来談者のどんな心の動きを表現しているのかを明らかにして、理解しようとする姿勢が大切です。

では、このお母さんはどんな思いで「今後どうしたらいいですか。娘にどう接したらいいかと思って……」という質問をしたのでしょう。

2◆カウンセラーから非難される恐れ

考えられることのひとつは、このお母さんは娘さんに対して強い怒りがあり、それを正直に表現できないのかもしれない、ということです。

親にとって、子どもの問題について専門家に相談に行くのは、かなり勇気の要ることです。ほとんどの親はそれができません。「親が悪い」と責められる可能性があるからです。そんな来談者にとって、自分の子どもへの怒りを語るのは、とても勇気のいることです。それこそ「親の愛情が足りない」と思われかねないからです。

私たちがカウンセラーと話すとき、正直な思いを語る前に、カウンセラーが理解的で受容的な人であるかどうかを探ろうとします。このお母さんの場合なら、カウンセラーが彼女のことを批判したり正そうとしたりするのではなく、彼女のことを彼女の身になって理解する人であるかどうかを、確認しようとします。そのために、彼女の思いを語る前に、質問をして探っているのかもしれません。

ここからさらに、このお母さんがどんな気持ちでいるのかについて、考えられる仮説のいくつかを見ていきましょう。

3◆怒りによって娘さんを傷つけてしまう恐れ

このお母さんは、娘さんへの激しい怒りをうすうす（またははっきりと）自覚しており、それを抑えない限り怒りが爆発して娘さんを傷つけてしまう、と恐れているのかもしれません。それが、「娘にどう接すればいいかわからない」という不安・戸惑いになっているのかもしれません。

つまりこのお母さんは、娘さんに対して言いたいこと、わかってほしいこと、変わってほしいことがたくさんたくさんあって、それらを言いたくて仕方がないけど、それを言えば怒りが爆発して娘さんを傷つけてしまいそうで怖いのかもしれません。その恐れが、「どう接すればいいかわからない」という戸惑いの原因なのかもしれません。

4◆娘さんを傷つけてきたことへの罪悪感

　または、このお母さんは娘さんをひどく傷つけてきたことを自覚しており、彼女の正直な思いを自由に話すとそのことを語らなければならなくなるので、自由に話すことができず、代わりに質問をしているのかもしれません。

　仮に、このお母さんが娘さんをひどく傷つけてきたとすると、その傷つけ方にはさまざまな可能性があり得ます。ひょっとしたら、娘さんとケンカをして、ひどい言葉で怒鳴ることが繰り返されたのかもしれません。

　または、ご主人が娘さんに身体的な暴力や言葉による暴力を繰り返すのに、そのご主人に対して毅然とした態度を取って娘さんを守ることは、できずにきたのかもしれません。

　あるいは、娘さんのことを本当に可愛いとは感じられないのかもしれません。そのために〝正しい〟子育てをしようと努力をして、外面的にはちゃんと必要なことは行ってきたけれども、そこに純粋な愛情は薄いことを、心の底ではずっとわかっていたのかもしれません。

5◆娘さんと会話ができないことについての不安

また、ひょっとしたら、このお母さんと娘さんとは、まともに会話さえできないことが多いのかもしれません。このお母さんはカウンセリング室を出ると、帰宅して娘さんと顔を合わせることになります。お母さんが娘さんに声をかけても、「うるせー、ばばあ」などとののしられたり、または返事さえしてくれないのかもしれません。

もしそうだとしたら、このお母さんは娘さんと会話をしようとすればするほど、さらに傷つくことになります。そのことが怖いのかもしれません。また、そんな娘さんに、ものすごく腹が立っているのが本音でしょう。しかし、反抗的な娘さんにお母さんが怒りをぶつけたところで、建設的な話し合いにはなりません。

つまりこのお母さんは、「娘と話をしないといけない」とは思っているけど、娘さんが心を開いてくれないので傷つくし、また、娘さんとの関係を良くすることに絶望的な気持ちなのかもしれません。彼女の「今後どうしたらいいですか」という質問は、その絶望感の表現かもしれません。

6◆来談者の気持ちの動きを明らかにしようとする介入が大切

人間にとって自分のことを表現したいという欲求は、とても深く激しい欲求です。ですからこのお母さんも、本当に信頼できる人に自由に話せるときには、このように質問をして話をやめるのではなく、彼女の気持ちや状況などをどんどん話していったでしょう。

私たちは、信頼する親友や恋人などには、いろいろな事柄を自由に次々と話せるものです。ですから、このお母さんのように質問をするなどして来談者が語るのをやめるのは、単に知識を求めているからではなく、話すことへの何らかの不安があるからです。

ここまで、このお母さんの話すことに対する不安が何なのかについて、いくつかの仮説を挙げて考えてきました。これらの仮説のいずれかが正しいかもしれませんし、ここでは触れていない別の心の動きがあったのかもしれません。

しかし、お母さんのここまでの発言からでは、彼女の質問がどんな心の動きから発されたものかがわかりません。カウンセラーがすることは、それがどんな心の動きなのかを明らかにすることです。そして、お母さんのその心の動きをカウンセラーが言葉で共感的に返すことによって、対話が深まっていきます。

では、ここから、このお母さんの訴えに対するカウンセラーの応答の例をいくつか取り上げて、検討しましょう。

【応答例1】

A「娘さんを責めないほうがいいと思いますよ。しばらくゆっくり休ませてはいかがでしょうか」

B「娘さんが無事でよかったですね。生きてさえいれば何とかなりますよ」

C「娘さんとよくお話し合いをして、今後のことを決められてはどうですか」

D「娘さんはさびしかったのではないでしょうか。これから娘さんとじっくり向き合ってはどうでしょうか」

E「まずは娘さんに、どうして薬をそんなにたくさん飲んだのか、理由を聞くことが必要だと思いますが」

■アドヴァイスをしなければ、というカウンセラーの思い

【応答例1】に共通しているのは、カウンセラーが来談者の質問を〝質問〟だと理解し、「それに答えなければならない」と思い込んでいることです。そう思い込んでしまう理由として多いのは、

「役に立つアドヴァイスをしなければ、来談者からだめなカウンセラーだと思われる」という、逆転移による不安です。

このような場面で大切なことは、解説でお伝えしたとおり、この発言は来談者のどのような気持ちの表現であるかを理解しようとすることです。私の経験では、カウンセリングにおいてアドヴァイスをしてもほとんどは無益ですし、たいていの場合はカウンセリングの妨げになります。

ある大学の学生相談カウンセラーは、就職など進路に悩む学生たちに対して、「就職支援課に相談に行きなさいとアドヴァイスをするのに、学生たちは行かないんです。ホントにどうしたものかなあ」と不満をもらしていました。しかし、そのカウンセラーがわかっていなかったのは、来談した大学生たちにとって、彼女のアドヴァイスが的外れだから行かなかった、という事実です。彼女のアドヴァイスは無益だったのです。

では、A〜Eの応答がカウンセリングにどう影響するか、一つずつ検討しましょう。

■来談者が「責められた」と感じやすい介入

A「娘さんを責めないほうがいいと思いますよ。しばらくゆっくり休ませてはいかがでしょうか」

C「娘さんとよくお話し合いをして、今後のことを決められてはどうですか」

もし、来談者であるお母さんがこのカウンセラーと同じ考えを持っているなら、この程度のアドヴァイスであれば、それほどカウンセリングの妨げにはならないかもしれません。しかしそれでも、このアドヴァイスをすれば、来談者は「カウンセラーから子育てについて責められた」と感じる可能性はあるでしょう。つまり、娘さんを責めた過去の経験や、学校をゆっくり休ませなかった過去のこと、娘さんと十分に話し合いをしていないことを責められた、と感じかねません。

■気休め

B「娘さんが無事でよかったですね。生きてさえいれば何とかなりますよ」

これは気休めです。こんな気休めを言うカウンセラーのもとには、来談者は通わなくなるでしょう。苦しみをわかってもらえないからです。

■親の、子どもの気持ちを思いやるゆとりのなさ

D「娘さんはさびしかったのではないでしょうか。これから娘さんとじっくり向き合ってはどうでしょうか」

E「まずは娘さんに、どうして薬をそんなにたくさん飲んだのか、理由を聞くことが必要だと思いますが」

子どもが問題を持つ家庭では、親は、自分の中にある愛情飢餓感や怒りに対処することで精一杯で、子どもの気持ちを子どもの身になって理解するゆとりは少ないことがしばしばでしょう。そんな親は、一見すると子どものために一生懸命に世話をしたり、対応したりしているように見えます。しかしよく話を聴けば、「近所の人たちからどう思われるか」とか、「子どもから良い親だと思われるかどうか」などのことばかりが気になって、子どもの気持ちにまで本当には思いを馳せることはできないことが多いものです。

そんな親にカウンセラーができる最善のサポートは、共感的に話を聴くことだと思います。それができればできるほど、親は自分の不安や怒りなどを徐々に正直に話すことができます。そしてその過程が進めば、親はそこで初めて本当に子どもの気持ちに思いを馳せるゆとりができます。すると親の心の中に、「私の子どもはなぜあんな行動をしたのだろう」と、子どもの気持ちを理解しようとする動きが自発的に起きます。

しかし、その過程を通ることなしに、親が子どものことを思いやるような発言をしても、それは本当に親が子どもの気持ちを子どもの身になって思いやっているわけではありませんから、その親の子どもへの対応は変わらないでしょう。ですからそんな対話をしても、問題の本質的な解決にはつながらないでしょう。

このことをより詳しく説明するために、拙著『やさしいカウンセリング講義』（古宮、二〇〇七、二四八―二四九）から、私自身の失敗例を挙げましょう。

■私の失敗経験

ここで紹介する対話は、カウンセラー訓練として行ったロールプレイの対話です。私がカウンセラー役をし、ある女性が架空のお母さん役を演じました。私の来談者理解が拙かったため、カウンセリングがうまくいきませんでした。その録音を再現します。

相手　小三の息子がいまして、不登校なんです。先生と意見が合わなくって困ってるんです。大きなアザを作って帰ってきたことがあるんです。「どうしたの」と聞くと、ワンワン泣きながら「学校の先生に殴られた」と言って帰ってきたんです。こんな大きなアザで。

古宮　明らかに。

相手　明らかに大きなアザで、学校の先生に問い合わせても「そんな事実はない」とのことで、少し前にも、担任の先生と息子にトラブルがあって、「いじめられた」と泣きながら帰ってきたことがありました。息子が、「学校に行きたくない」「おなかが痛い」と言い出して、行かなくなってしまったんです。仮病だとわかってるんですけど、私も甘やかして行かせなくなってしまったんです。

古宮　お母さんとしては担任の先生に、お子さんに暴力を振るったりいじめたりするのですごく不信感を……。

相手　不信感というより怒りです。

古宮　腹が立つんですね、ええ、ええ。

相手　どう責任とってくれるか、という話なんですけど、話し合いにならないんです。

古宮　話し合いにならない。

相手　学校側は「そんな事実はない」と否定して、息子がうそをついていると言っています。

古宮　息子さんがうそつきだ、ということになってしまってるんですねえ。

相手　ええ、仮に、先生が叩いたんじゃなくてほかの生徒にいじめられてアザができた、ということだったにしても、学校は監督責任を果たしてないということじゃないですか。私は息子を信じたいんです。先生が叩いたんだったら、理由を聞かせてもらえれば話し合いはできるんですけど、そのまま一学期たってしまって話し合いにならないもんですから、ＰＴＡにかけることになったんです。

古宮　先生は否定するだけで。

相手　否定するだけで、うそつき呼ばわりでね。

古宮　**うそつき呼ばわりで腹が立つんですね。先生は自分を守ろうとして本当のことを言ってないんではないか、と。**（※）

相手　息子を悪者にするような先生に預けるのが不安になります。学校にも行かせたくないと思ってるんですよ。でもそういうわけにもいかなくて。

古宮　お母さんにすれば、先生に腹が立つし、そんなところに息子さんを行かせたのでは息子さんのためにならないとは思うけれど、といって、学校に行けないのは心配で。

相手　そんな人が教育者というのが心配で、本当は行かせたくないと思うし、親として何とかしてやりたいんですけど、何もできないのが歯がゆくて、何もしてあげられない、悲しい。**どうすればいいですかね、先生。**（☆）

古宮　お母さんご自身がすごく無力で、悲しい、何とかして息子さんを助けたい。

相手　ええ、先生はカウンセリングの専門家ですから、どうすれば良いか聞きに来たんですけど。

古宮　状況などをもう少し詳しくお話していただいて、どうすれば良いか考えていけばよいと思うんですが。

（つづく）

このカウンセリング練習のあと、私は来談者役の人と一緒に練習を振り返りました。すると来談者役の人は、私の太字の※の発言についてこう言いました。

「何か追い込まれたような気がしました。『先生が自分を守ろうとして本当のことを言ってないんじゃないんですかねえ』という感じで返されたとき、なぜかわからないけど、すごくしんどくなりました。私が演じたこのお母さんは、担任の先生に対して腹立ちや不安と同時に、頼りたい、すごく良い先生であってほしい、という気持ちもあるから、古宮カウンセラーにあのように返されて、悪い感情が出てきました。カウンセラーからは担任のことには触れないで、単に『息子さんがうそつき呼ばわりされたんですね』と返してもらえたらよかった」とのことです。そのしんどさのせいで、彼女はそれ以上は話したくなくなって、太字の☆のような質問になったそうです。だから☆の質問は、「私の気持ちをこれ以上話したくない」という、カウンセラーへの不信感の表現でした。

■なぜ失敗したのでしょう

カウンセラー役の私は、来談者について、二つの大切な点で理解できていなかったと思います。一つ目が、私がここでお伝えしたいポイントなのですが、この来談者が私に伝えたかったことは担任の先生への不信感と怒りであり、彼女はそのような感情でいっぱいで、決して「担任の先生が、私の息子を叩いたことを否定するのはなぜだろう」という、担任の先生の事情や気持ちを理解しようという心の動きはなかった、ということです。私はそこが理解できていなかったので、「先生は自分を守ろうとして～(※)」という、先生の立場・気持ちに言及する発言をしました。それによって、私が来談者の心のあり方に沿っていないことが露呈されました。

■来談者の両価的な感情について

私が理解していなかった二つ目のことは、来談者が担任に対してプラス・マイナスの両方の気持ちを同時に持っていたことです。つまりこのお母さんは、担任への怒りと同時に、担任を求める気持ちも持っていたのです。私はこのカウンセリング練習中、母親は担任への怒りと不信でいっぱいだと思っていました。でも本当は、母親は担任への怒りとともに、「いつも一〇〇パーセント息子のことを守り、わかって、味方してくれる担任であってほしい」という、担任を強く求める欲求も感じていました。ですから母親は、もし「古宮カウンセラーが息子の担任のことを『ダメ教師だ』と思っている」と思うと、罪悪感を感じたでしょう。この練習ではそれが起きたと思います。

もし私が、この母親の心には、担任に対する正と負の両方の気持ちが混在していることを感じ取っていたなら、「〜※」の発言のかわりに、たとえば「お母さんとしては、担任の先生が息子さんを叩いたり傷つけたりしたんじゃないかと、どうしても不信感を持ってしまうんですね」とか、「息子さんが担任の先生から傷つけられているんじゃないかと、とてもご心配なんですね」などと返していたでしょう。その言い方には、お母さんの「良い担任であってほしい」と求める気持ちをないがしろにしない含みがあります。

■来談者は自分の気持ちだけで精一杯

ここで話を、中学三年生の娘さんが大量服薬で運ばれて「今後どうしたらいいですか」とたずねるお母さんのことに戻しましょう。

このお母さんは不安や怒りなどの感情でいっぱいで、娘さんの気持ちを理解しようという心の動きはあまり起きていなかったでしょう。ですから、カウンセラーが「娘さんはさびしかったのではないでしょうか」と、娘さんの気持ちに言及する介入をしても、彼女には娘さんのさびしさに、本当にじっくり思いを馳せることはできないでしょう。そのため、たとえこのお母さんが「ええ、そう思います」などとカウンセラーに話を合わせて答えたにしても、それはカウンセラーから気に入られようとしてそう話しているだけであり、彼女の心に本当に子どものさびしさを理解する共感性が育ったわけではありません。ですからこのような対話では、問題の本質的な解決には進まないでしょう。

【応答例2】
「病院で大量服薬と言われて、娘さんの体が心配なんですね」

来談者が話しているのは、娘さんとの関係をうまくできる自信がなくて不安だ、ということであって、娘さんの体の状態ではありません。ですから、これでは理解が不正確です。

【応答例3】

A「今はどのように娘さんと接しておられるんですか」

B「娘さんがそのように薬を飲まれた原因について、心当たりはありますか」

このような質問は、親子の関係性の拙いところや問題点を聞き出すような質問です。そのため、来談者を防衛的にする可能性があります。ですから、もしこのような質問をするなら、共感的に受け取られるような表情と声の様子で、特に慎重に行う必要があります。

親が子どもの問題でカウンセラーのところに来るときは、「自分の育て方が悪かったのではないか。それをカウンセラーから批判されるのではないか」という不安を感じているものです。そんな親にこのような質問をすれば、親は意識的または無意識的に脅威を感じやすいでしょう。そのため、カウンセラーから責められないように、自分を良く見せるようなことや、当たり障りのないことを話すか、もしくは「私が悪かったんです」と自分を責めるようなことを言うか、いずれかになりがちです。

そのいずれも、来談者が彼・彼女の本心に開かれて自由に素直に話しているわけではありませんから、そのような対話は治療的ではありません。来談者の感じ方も行動も変わらないでしょう。

もっとも、もしも来談者が「娘との関係について本気で見つめ直したい。そのことについて、いま・ここでじっくり話し合いたい」と感じているのなら、【応答例3】のような応答はとても適切で、カウンセリング過程が進むでしょう。ですからカウンセラーがそうだと感じれば、【応答例3】のような質問には意味があるでしょう。

しかし多くの場合、【応答例3】のような質問は、傾聴カウンセリングの過程を邪魔するものになるでしょう。

【応答例4】

A「お母さんはどうされたいと思われますか」

B「お母さんご自身としては、どう接したらいいと思われますか」

来談者から質問をされて、「答えなければならない」と追い詰められた気持ちになったカウンセラーが、しばしばこのようにして質問を返すことがあります。しかし、治療的な見通しもなく、来談者の質問が本当は質問ではなく、言いたいけど言えない何かの気持ちの表現であることも理解せず、カウンセラーがこのように質問を質問で返しても、治療的な対話にはなりづらいでしょうし、来談者が不信感を持ちかねません。

【応答例5】

A「娘さんがここに来ないことには何もわかりません」

B「ご主人には相談されました？」

Aのように返す援助者は、おそらく娘さんが来ても助けられないでしょう。

次にBの応答について検討しましょう。

来談者が、ご主人のことについて話し合いたいとか、夫婦関係についてじっくり向き合いたい、と「いま・この場」で思っているなら、これは適切な介入になります。

しかし、そうではない場合には、この介入はカウンセリング過程を大きく妨害する介入になりかねません。そのことについて考えてみましょう。

子どもが追い詰められて問題行動を起こす家庭では、夫婦関係は深刻な問題を抱えていることがしばしばです。そのような家庭の場合には、Bのような質問は来談者には脅威になります。なぜなら、そのような質問は夫婦問題にいきなり向き合わせようとする介入だからです。ですから来談者は心を閉ざしてしまいかねません。特に、初回面接の始めのころにこの質問をすれば、来談者はとても防衛的になってしまい、その面接自体が失敗になりかねません。

【応答例6】

「カウンセリングはアドヴァイスをしたり、答えを与えたりするところではありません。まずはお母さんからお話をしていただきたいと思います。そのうえで、一緒に考えていきましょう」

この応答も、質問をされて「答えなければならない」と追い詰められたカウンセラーがしがちな応答です。これでは、来談者はカウンセラーの動揺を感じて、不信感を募らせることが多いでしょう。また、「カウンセリングではアドヴァイスをしません」と言うことは、「ここではアドヴァイスを求めてはいけません」とアドヴァイスしていることですから、カウンセラーが矛盾しています。

傾聴の技術面において大切なことは、来談者の気持ちを理解して、それを言葉で返すことです。この来談者の気持ちとは、「解説」のところでお伝えしたように、寄る辺なさかもしれませんし、または娘さんとの関係についての絶望感かもしれません。あるいは娘さんへの怒りかもしれません。おそらくこれらの複数の感情が入り混じっているでしょう。その気持ちを明らかにしていく介入が必要です。

そのような介入は無数にあります。その一例が次の【応答例7】です。

【応答例7】

「それはさぞ大変だったでしょう。ご心配されたでしょうね（共感的な様子で伝える）。お嬢さんにどう接したらいいかわからないとおっしゃいましたが、どういうことかもう少し教えていただけますか」

面接で特に大切なことのひとつに、主訴の苦しみに共感的に応答することがあります。それはとても大切なことです。【応答例7】の、「それはさぞ大変だったでしょう。ご心配されたでしょうね」のような介入が、来談者の苦しみに共感的に返す介入です。そのうえで、来談者の「今後どうしたらいいですか？　娘にどう接したらいいかと思って」という質問が何の表現であるかを明確化する目的で、カウンセラーは「どういうことか、もう少し教えていただけますか」と質問しています。

ただ、来談者の質問が何の表現であるかが推測できるときには、それを言葉にして返して、理解が正しいかどうかをチェックするのは有益な介入です。

たとえば、このお母さんは娘さんとの関係があまりにひどいので、良くなることに絶望的な気持ちを感じて苦悩しているのかもしれません。しかし、苦悩を言葉にするのは辛すぎるため、婉曲的に表現して「今後どうしたらいいですか。娘にどう接したらいいかと思って」という質問になったのかもしれません。もしそうだと思ったら、たとえば「お嬢さんと良い関係を持ちたいけど、絶望的な感じもされておられるのでしょうか」のように返せば、共感的理解が伝わりやすいでしょう。

　または、このお母さんは娘さんに激しい憤りを感じていますが、それを表現すると娘さんとの関係をいっそう壊してしまいそうで怖いので、その不安の表現として右の質問をしたのかもしれません。もしそうだと思えば、「娘さんには本音をぶつけられないので、話し合いをしづらい、とお感じなのでしょうか」のような介入をすれば、共感的理解が伝わりやすいでしょう。

Exercises 4章

担任の男の先生が好きという高校一年生の女子

（この女子生徒はあなたに、担任の男性の先生について話しています）

生　徒「担任の先生が好きなんです」

あなた「どうして好きなの？」

生　徒「だって、かっこいいし、それにお父さんに似ているの。だから好き。今度、思い切って告白するの」

あなたなら、来談者のこの発言に何と言って応答しますか。

次ページの【あなたの応答】欄に書いてみましょう。

【あなたの応答】

解説●——来談者を理解するために

1◆転移について

この女子生徒の心理を理解するには、「転移」についての理解が特に重要だと思います。

転移とは、私たちの現在にいる人に対して、過去の誰かについて感じた感情や考えを抱いたり、過去の誰かに対して取っていた行動パターンや防衛様式を繰り返したりする現象を指します。

転移は過去の再現であり、転移反応には退行が含まれています。また転移反応は、現在の人物に向けて、あたかもその人が過去の誰かであるかのように反応しているわけですから、時間的な錯誤が起きており、現実には合わない反応です。さらに、転移反応はその大部分が、無意識の心理的過程です。つまり、転移反応を起こしている人は、自分が現在の人物に対して現実に合わない過去の反応を繰り返していることには気づいておらず、あくまで現実に合った反応をしている、と信じています。

また、転移反応はとても広く起きる反応で、私たち人間のほとんどすべての反応には、大なり小なり転移反応が含まれています。つまり、私たちの対人反応は、転移反応と現実的な反応の混合なのです（以上の転移の説明は、Greenson, 1967 を参考にしました）。

転移を具体的な例で理解するために、ここから1章、2章、3章で登場した来談者の反応を、転移という視点から考察しましょう。

2◆1章の視線恐怖・対人恐怖の男子生徒の転移反応

1章で登場した男子生徒は、周囲の人たちを、まるで彼の拒否的な親であるかのように感じています。つまり彼は、幼く無力だったころにパワフルな親からひどく拒否的に扱われた（と感じている）ように、今の周囲の人たちも、彼に対しひどく拒否的で批判的だし、実際に危害を加えようとしている、と感じています。

彼はまた、「周りの人たちがぼくに注目し、ぼくのことを噂している」と信じています。彼がこう信じるのは、周囲の人たちすべてから関心を注がれなければ、あまりにさびしくて空虚で耐えられないからです。彼のその感じ方も転移反応です。というのは、幼い子どもは親の注目を必要とし、それが得られなければあまりに不安になるからです。

もし、彼が安定した温かな愛情あふれる家庭で幼少期を過ごしたなら、周囲の人たちにあれほどまでの恐怖を感じることはないし、また、周囲の人たちの関心と注目をあれほどまでに求めることはないでしょう。

3◆2章の泣きじゃくって話せない女子中学生の転移反応

2章で登場した女子中学生には、どんな転移反応があるのでしょう。

彼女は、カウンセラーが受容的な態度で穏やかに座っているにもかかわらず、不安で心が開けません。それは、過去に彼女が、誰かに素直な思いを正直に表現したのに、それをわかってもらうことも受け入れてもらうこともされず、逆に批判されたり無視されたり拒絶されたりして、その心の痛みが今も残っているからでしょう。

その意味で、彼女は現実のカウンセラーのあり方を正確に知覚して反応しているのではなく、誰か重要な過去の人に対して感じた恐怖を、今のカウンセラーに重ねているのです。

4◆3章の娘さんが多量服薬で病院に搬送されたお母さんの転移反応

3章で登場したお母さんは、カウンセラーへの警戒心のために気持ちを自由に話すことができず、かわりに「娘にどう接すればいいでしょうか」と質問をして、語ることをやめました。そのときにお伝えしたことですが、このお母さんは「カウンセラーに受け入れられたい」という気持ちが強いから不安になり、素直に話せないのです。

ひょっとすると娘さんに対して強い怒りがあるけれど、それを語るとカウンセラーが「お母さんの愛情が足りない」と思うかもしれないので、素直に語れないのかもしれません。または、彼女が娘さんを傷つけてきたと感じているのですが、それを語ると「ダメな母親だ」とカウンセラーから思われるかもしれないので、自由に素直に話せないのかもしれません。

5◆転移反応は非現実的

ともかく、3章のお母さんは「カウンセラーから批判されないよう、悪く思われないようにしよう」という気持ちがあるために正直に語れないのですが、それは転移反応です。というのは、現実にはカウンセラーからどう思われようが、このお母さんに危害が加わることはないからです。カウンセラーから悪く思われたとしても、住む家を失ったり給料が減ったりするわけではなく、現実には何の損害もありません。もしもカウンセラーが彼女の気持ちを理解できないなら、別の援助者のところへ行けば済むことです。

しかしこのお母さんは、「カウンセラーから悪く思われたくない」という気持ちが強くて、それがカウンセリングを妨害しています。それが、非現実的な反応であることがわかるでしょうか。ちょうど、子どもが親の承認を求めるのと同じように、彼女はカウンセラーに対して承認を求めているのです。正直な思いを話してカウンセリングを進展させて問題を解決することよりも、「良く思われたい」という転移欲求を充足させることのほうを、自分では気づかずに、優先させているのです。

6◆本来の目的よりも、転移欲求充足を優先させる

そのことも転移反応の特徴のひとつです。私たちは転移感情のなかでは、もともとの目的を達成することよりも、転移欲求を満たすことのほうを優先させたくなります。転移の源である心の痛みが激しいほど不安が高くなるので、そうせずにはいられないのです。たとえば臨床心理士養成の大学院の授業で、院生たちがロールプレイやケース発表などを積極的にしないときがそうです。彼らはそもそも、臨床心理士としての能力をつけるために入学したはずですが、その本来の目的よりも、「クラスメートや先生から低く評価されたくない」という転移欲求を優先させずにはいられないのです。それは彼らの成長をひどくはばむものですが、その欲求自体は誰の心にも多少とも起きるものでしょう。

私たちは、親から無条件に愛された実感、無条件に受け入れられた実感が乏しく、その心の痛みを癒して手放せていない程度が大きいほど、このお母さんのようにカウンセラーを求める気持ちと警戒心が起きるために、自由には話せなくなります。

ここまで、転移反応について簡単にお伝えしました。拙著『やさしいカウンセリング講義』（古

宮、二〇〇七）では、転移について、臨床事例をもとに実践に役立つよう説明しています。転移をより詳しく学ぶにはそちらをご参照ください。

7◆性愛化された転移について

この女子生徒の男性担任に対する思いには、性愛化された転移反応が含まれていそうです。この生徒の思い入れに、強い思い込みや非現実的なファンタジーが強いほど、彼女の反応には性愛化された転移反応が強く含まれていると言えるでしょう。

この女子生徒は、担任の先生が「お父さんに似ているから好き」と語っています。もっとも、実際の学校臨床現場では、生徒は「自分の親に似ているから」好きになるよりも、実際の親とは違う理想の異性像を相手に重ねてあこがれることのほうが、多いかもしれません。それも転移反応のひとつです。

この女子生徒のような性愛化された転移反応の源は、幼少期の親子関係における傷つきです。たとえば、幼いころに父親の愛情をあまり受けられなかったり、父親から年齢不相応に過度の身体接触などの性的な愛着を受けていた女児は、成長すると性的な転移を起こしやすくなると思います。

8◆あるスクールカウンセラーの事例

あるスクールカウンセラーのところに、科目担当の男性教師に一種の性的なあこがれを抱く、この事例のような女子生徒が訪れたことがありました。先生はその女子生徒のあこがれに応えることはなく、あくまで生徒の一人としてしか対応しなかったので、生徒は結局その先生のことを、「冷たい」と嫌いになりました。そのスクールカウンセラーは、「先生と生徒が仲違いしないよう私に何かできたのではないか、私の力が足りなかったからではないか」と悩みました。

その女子生徒が先生を嫌いになったのは、スクールカウンセラーの力不足が原因だったのでしょうか。それについて考えてみましょう。

9◆陽性転移と陰性転移

性愛的な転移はいつかは壊れます。そして女子生徒の転移反応が激しいほど、彼女は先生を激しく嫌いになります。そのことについて考えていきましょう。

転移には、好意、接近欲求、あこがれなどの「陽性転移」と、その反対の軽蔑、嫌悪、怒りなどの「陰性転移」があります。性愛化された転移は陽性転移の一種で、そこにはさらに、相手のことを理想的な人だと感じる「理想化転移」が含まれます。

陽性転移と陰性転移は、その表れ方は正反対なのですが、実はコインの裏表のような関係にあります。つまり陽性転移があればその裏には必ず陰性転移があり、陰性転移が表面化している人の無意識部分には、必ず陽性転移感情があります。その性質を「両価性」と呼びます。

10◆3章のお母さんの転移の両価性

転移の両価性についてよりよく理解できるよう、3章のお母さんを例に挙げて考えてみましょう。

このお母さんは、「カウンセラーから悪い母親だと思われたくない、良く評価されたい」という気持ちが強いので、彼女の思いを正直に話すことができませんでした。それは、「カウンセラーから好かれたい」という陽性転移の反応です。

しかしその一方で、このお母さんの心には、「このカウンセラーは、私が自分のことを素直に見せると、きっと私を裁いたり責めたりするような拒否的な人だ。だからカウンセラーのことが怖い」という陰性の転移反応もあります。

11◆性愛的な転移は必ず破れる

この女子生徒は、男性教師に激しい性的な陽性転移を発達させています。そこには、「この先生は、私がいつもずっとずっと感じてきたさびしさを埋めてくれる、理想の男性だ」という理想化転移の反応が含まれています。彼女が本当に求めているのは、彼女がまだ幼児だったころに、安定した深い愛情を注いでくれる親です。しかし、彼女はもはや幼児ではありませんし、周囲の大人たちも友達も恋人も、彼女が望むような理想的な親ではありません。

ですから、現在の人間関係によって、彼女がずっと感じて苦しんできた愛情飢餓感を本当に満たすことは不可能です。恋人など、彼女が理想化している人が彼女に関心を注げば、そのときは一時的に心の空虚感、飢餓感を感じなくて済むでしょうが、その状態は長くは続きません。彼女の心にある飢餓感はかならずよみがえります。そのとき彼女は再び、その飢餓感を感じなくて済むよう、周囲の人々に愛情と関心を要求します。

しかし、この世の誰にも、彼女の飢餓感をいつも彼女が望む方法で満たせる人はいません。私が先に「転移反応は、現在の現実に合わない反応だ」とお伝えしたのは、そういう意味です。ですから、理想化転移の相手が彼女の内面にある飢餓感を満たしてくれないことに、必ず失望するときが来ます。失望よりも激しく怒ることもしばしばあります。

その怒りは、本来は、彼女のことを無条件に愛さなかった両親に対する怒りです。ですから、愛されなかった傷つき・悲しみ・怒りが深く大きい人ほど、現在の恋人などの相手との関係において感じる傷つき・悲しみ・怒りも、深く大きなものになります。転移反応がより激しいものになるからです。

この女子生徒の男性教師へのあこがれは、(恋人など)代わりの転移対象者が現れればいつかは消えるものです。もしくはそれが消える前に、「裏切られた」と感じる経験をするものです。ですから、この女子生徒が男性教師を嫌いになるのは当然の成り行きです。決してカウンセラーの落度ではありません。

では、この彼女の訴えに対するカウンセラーの応答の例をいくつか取り上げて、検討しましょう。

【応答例1】

A「その先生は、お父さんみたいなの?」

B「お父さんに似てかっこいいから、その先生のことがすごく好きなのね」

このAとBの介入はいずれも、来談者の言う「お父さんに似て」ということの意味を、より明らかにしようとする介入です。彼女がその男性教師に、どんな性的転移・理想化転移のファンタジーを抱いているのかをより明らかに理解することによって、彼女の気持ちをより細やかに正確に共感できるでしょう。

【応答例2】
「その先生に『好きです』って伝えて、もっと仲良しになりたいのね」

この応答は、彼女が強く求めている情緒的・身体的な親密さについて、それがどのようなものなのかをより明らかにしようとする介入です。それによって、彼女が先生に抱いている思いがどんなものなのか、そしてそれがどれほど強いものかを、より共感的に理解できるでしょう。

【応答例3】
A「うーん、先生に告白してもダメだよ。ほかに好きな人を見つけたらどう」
B「フラれたら気まずくなるから、ちょっと待ったほうがいいんじゃないかなぁ」
C「先生は独身なの？　恋人はいないの？」

これらのような介入は、カウンセラーの逆転移によるものでしょう。このような介入をしたくなったときには、カウンセラーは自分の感情を行動化するのではなく、自分の中で何が起きているのかを観察することが必要です。そして、その反応を治療的に使うことができれば有益です。このことについて、詳しく考察することにします。

■来談者の激しい空虚感

たとえば、カウンセラーの中に、この女子生徒が男性教員を求める欲求の強さに怯える気持ちが湧いて、ブレーキをかけたくなったのかもしれません。または、女子生徒が男性教員からフラれることが目に見えているので、そうなると女子生徒はひどく落胆して落ち込みそうなので、彼女がそうなることを救いたくなったのかもしれません。

いずれにしても、カウンセラーは自分自身のその反応から、この女子生徒がずっと抱えてきた空虚感がいかに激しく耐えがたいものであるかを、ひしひしと推測できるかもしれません。彼女は、転移の対象である男性教員の愛情をもらえなければ、心にずっと抱えてきた深く激しい愛情飢餓感と空虚感に直面することになります。カウンセラーはその可能性に怯えて、女子生徒を救いたくなったのかもしれません。

■来談者の攻撃性

または、カウンセラーの中に、その女子生徒が持つ激しい攻撃的な衝動を感じて、怯える気持ちが湧いたのかもしれません。つまりその女子生徒は、男性教師にフラれたらすごく攻撃的になりそうなので、カウンセラーはそれを感じてブレーキをかけたくなったのかもしれません。または、彼女が男性教師にストーキングでもしかねない攻撃性を感じたのかもしれません。

もしそうなら、カウンセラーは自分自身の逆転移反応をよりどころとして、この女子生徒は幼少期から安定した適切な愛情が十分に与えられなかったために、どれだけひどく傷つけられてきたか、どれだけ激しい愛情飢餓感を抱き続けているか、そしてそんなふうに苦しみながら生きざるを得ないことについて、親に対していかに激しい憎しみを抱いているか、に思いを馳せることができるでしょう。

来談者のそのような深く激しい苦しみを理解しないカウンセラーには、来談者はその苦しみを語ることができませんから、彼女はそれをこれからもずっと一人で抱えて生きることになります。逆に、その苦しみを語って理解されるとき、それが彼女にはサポートになります。

カウンセラーはもちろん生身の人間ですから、自分自身のうちにある激しい苦しさの感情に怯える気持ちは必ずあります。しかしその怯えのために、来談者の苦しみの感情を避け、そのことに対する合理化として、「深い対話になると来談者が苦しくなるので、浅い対話にとどめるほうが来談者のためだ」と考えることがあります。さらには、そうして苦しみを語らせないことが「サポーティブなカウンセリング」と呼ばれることもあります。

たしかに、精神病圏の苦しみを持っているなど一部の来談者の場合には、かえって来談者が苦しくなる、ということはあるかもしれません。しかし、そうではない圧倒的多数の来談者の場合には、苦しさを語り、感じ、それを理解されることこそがサポートになると私は思います。

■カウンセラーを試さずにおれない、来談者の愛情欲求

また、カウンセラーが【応答例3】のような介入をした理由の別の可能性として、カウンセラーは、「この女子生徒は私がどう言うかを試そうとして、『先生に告白する』と言っている」と感じたのかもしれません。そして、そのように試されることについて共感的・受容的な気持ちでいることができず、批判的な気持ちが湧いたので、非共感的な応答をしたのかもしれません。もしそうだとしたら、カウンセラーを試さずにおれない彼女の気持ちを、できるだけ彼女の身になって理解しようとする態度が必要でしょう。

カウンセラーを試さずにおれない来談者の気持ちとは、「このカウンセラーは、本当に私のことを気にかけて大切に思っているんだろうか」という疑いと警戒心でしょう。その気持ちの底には、カウンセラーの愛情を強烈に求めてやまない欲求と飢餓感があります。

■カウンセラーがカウンセリングを受けることの大切さ

【応答例3】のような介入をするカウンセラーの心に何が起きていたのかについて、いくつかの推測をお伝えしました。それらのいずれにしても、もしくはそれら以外の気持ちの動きがあったにしても、カウンセラーがこのような介入をしたくなったとすれば、それは逆転移の行動化です。そしてその逆転移の源は、カウンセラー自身がカウンセリングを受けて高い程度に解決することが、カウンセリング能力を伸ばすために必要でしょう。

【応答例4】
A「私もあなたのように先生を好きになったことがあるな」
B「そうなの!? それはドキドキするね。どうやって告白するの?」

カウンセラーがこう応答するとき、そこには多くの場合、「来談者から、気持ちがわかるカウンセラーだと思われたい」とか、「来談者に警戒心を持たれたくない」というような意図があるでしょう。そしてそれは、おそらくカウンセラーの逆転移です。「来談者から好かれたい、良いカウンセラーだと思われたい」という、来談者を求める欲求です。逆転移については、次の5章の解説で詳しくお伝えます。

たしかに、来談者が「このカウンセラーは私の気持ちがわかってくれる」とか、「このカウンセラーなら安心して自分の正直な気持ちを話せる」と感じることが、効果的なカウンセリングには必要です。しかしそれは、カウンセラーが来談者の気持ち・伝えたいことを共感的に理解し、その理解を言葉にして返す対話を繰り返すことで、少しずつ育ってゆくものです。

ところが【応答例４】のように応答すると、カウンセラーの存在が、「対等におしゃべりができる友達」のような存在になりがちです。本来、友達とのおしゃべりは、お互いに関心ある事柄について交互に話し合うものです。Aさんの興味ある話題についてお互いに思うことを話し、それが終わればBさんの興味ある話題に移ります。しかしカウンセリングの関係は、来談者の気持ち・考え・行動だけに焦点を絞って、一緒に検討していく関係です。カウンセラーは決して、友達でもおしゃべり相手でもありません。

【応答例5】

「それはあなたのお父さんに対する気持ちを先生に置き換えたものだから、本当の恋愛感情ではないんですよ」

これは、転移についてカウンセラーが来談者に説明したものです。これはナンセンスです。こんなことをすると、来談者は知識が増えるだけで、そんな知識は真の変化をさまたげます。「知性化」という防衛機制を強めるからです。つまり、理屈で理解することによって、自分の内面にある耐えがたい感情に直面し、それを感じることを避けるのです。心理学を学ぶ大学生、専門学校生、社会人などに多い防衛機制です。

Exercises 5章

●——学校に行かせようとすると大暴れする小学三年生女児の母親

（来談者があなたの相談室に来て、次の会話が始まりました）

母　親「うちの子が最近、学校を休み始めたんです」

あなた「そうなんですか」

母　親「ええ、無理矢理にでも引っ張っていくほうがいいと思うんです」

あなた「はあ、はあ」

母　親「甘やかすとズルズル休むことになりそうなので。以前は引きずってでも連れて行ってたんですが、最近はそれもできないくらい大暴れするようになったんです。甘えているんですよ。もうどうしたらいいですか」

あなたなら、来談者のこの発言に何と言って応答しますか。

次ページの【あなたの応答】欄に書いてみましょう。

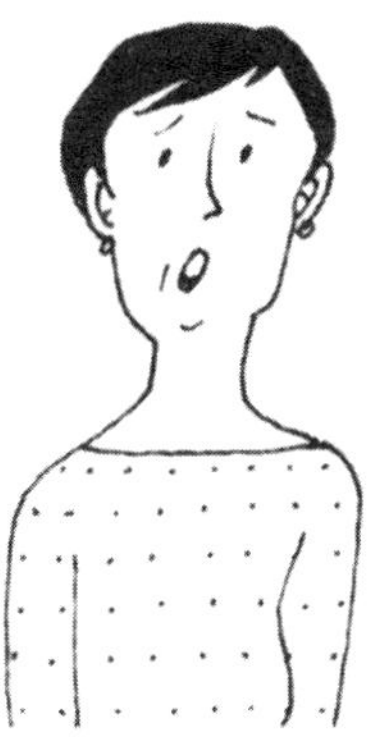

【あなたの応答】

解説●——来談者を理解するために

1◆逆転移について

この母親のような来談者は、若いカウンセラーには特に逆転移が起きやすい来談者だと思います。そこでまず、逆転移について詳しく考察しましょう。

傾聴を基本とするカウンセリングでは、カール・ロジャーズが強調した「共感的な理解」や「受容的な態度」が大切だ、と言われます。でも実際にはカウンセラーはそのような気持ち以外に、さまざまな気持ちを感じます。イライラする、焦る、傷つく、悲しくなる、さびしくなる、追い詰められる、退屈する、来談者のことがかわいそうになる、救いたくなる、何も感じない、など。それらの、おだやかで共感的で受容的な気持ち以外の反応が、よく「逆転移」と呼ばれます。

逆転移はとても重要で、来談者について、そして来談者とカウンセラーの関係のなかで何が起きているかについて、重要な情報を与えてくれるものですから、大切に扱うことが必要です。

2◆逆転移の源

逆転移がどう重要なのかについて考えましょう。

逆転移が起きる理由は、大きく二つに分けられるでしょう。

一つ目は、来談者と同じような未解決で癒されない心の痛みを、カウンセラー自身が持っていることです。来談者の痛みに共鳴して自分の痛みがよみがえります。それを高い程度に解決するとき、カウンセラーとしての能力がグンと上がります。また個人的にも、生きるのがより楽になるし、人生がより豊かになるし、自分の適性と可能性をより発揮して生きられるようになるでしょう。

逆転移の二つ目の源は、来談者の感情です。来談者の感情がカウンセラーに伝わっていることがあります。たとえば、来談者がカウンセラーに対して持っている怯え、不信感、警戒感をカウンセラーが感じて、緊張してカタくなることがあります。また、来談者の抑圧された怒りをカウンセラーが感じて、ムカっとすることもあります。また来談者との対話のなかでカウンセラーが傷つくとき、来談者にも深い傷つきがあるでしょう。

それらのことが起きたときには、カウンセラーが感じている感情を何十倍にも強くした感情を、来談者が感じているんだろうなと想像すると、共感的理解の助けになります。

逆転移が起きる二つの理由をお伝えしましたが、実際にはその二つは切り離せるものではなく、逆転移反応にはその両方の過程が含まれていると思います。

また、強い転移反応を起こしている来談者ほど、カウンセラーの逆転移反応を刺激しがちです。言い換えると、傷つきの深く激しい来談者ほど、カウンセラーが抱えている同じような未解決の心の傷みを刺激する、ということです。ですから、個人的に未解決の葛藤を抱えているカウンセラーほど、逆転移を容易に起こします。そのため、ときに援助的な対話が不可能になったり、かえって来談者を傷つけたりしてしまいます。

3◆カウンセラーが子どもと同一化するとき

このお母さんのように、子どもを責めたり、子どもに無理強いしたりする来談者と面接をしていると、カウンセラーはしばしば、来談者であるお母さんの気持ちを理解するよりも、お母さんから責められている子どもと自分自身を同一化して、親を責めたくなる逆転移が起きがちです。カウンセラーの中にある、親から傷つけられたり自由を束縛されたりした痛みがうずくのです。すると、「私はこのひどい親から、かわいそうな子どもを救わねばならない」と感じます。カウンセラーがそんな意図でお母さんと会っても、お母さんの援助はできません。それは結局、子どものためになりません。

4◆分離（スプリッティング）について

また、カウンセリング場面でもそうではない場面でも、大人同士が逆転移と同様の反応を起こして、仲違いすることがあります（ザルツバーガー=ウィッテンバーグら、二〇〇八、第三章）。特に、分離（スプリッティング：splitting）の防衛機制をする子どもが、その状況を引き起こしやすいものです。

「分離」とは次のような防衛機制です。ある人に対して、「好きだ、近くなりたい」という接近欲求と、「嫌いだ、憎い」という反対の欲求を同時に感じる自我耐性のない人が、その欲求を別々の人へと分けて配置します。すると、ある人が一〇〇パーセント理想化され、反対に別の誰かが一〇〇パーセント悪者にされます。

このような脆弱さを持つ子どもは、たとえば、親に対して担任の先生の悪口を言うとき、先生のことを「一〇〇パーセント悪者だ」と感じているので、そのように話します。ところが、その子どもが先生に親のことを話すときには、親のことを「一〇〇パーセント悪者だ」と感じるので、そのように話します。そのとき、大人が状況を客観的に見られると良いのですが、逆転移を起こすと、親と教師が互いを非難し合うようになります。

5◆この事例の母親の怒り

この事例のようなお母さんと実際に会って話を聞くと、学校に行かず暴れる子どもに対する怒りが感じられることが多いでしょう。また、このお母さんの場合、質問に答えないと怒りだすような感じがするかもしれません。そのため、カウンセラーの心に「来談者が怒ったらどうしよう」という逆転移の不安が引き起こされがちです。

このような場合、このお母さんの心にはかなりの怒りがあることが推測できます。そして、傾聴カウンセリングが進むとわかることですが、このような来談者は、非常に激しい強烈な怒り・憎しみを心に深く抱えているのが実際です。

このお母さんは、「私は子どものことをこんなに気にかけているし、子どものためにこんなにしているのに、子どもはそれに応えない」と感じています。その怒りを、できるだけ来談者の身になって想像し、理解することがとても大切です。

また、カウンセラーが「私が質問に答えなければ、このお母さんは怒り出すのではないか」と感じるのは、彼女がカウンセラーに対して抱いている不信感が感じ取れるからでしょう。来談者がカウンセラーを信頼していれば、すぐに怒りだすことはないでしょうから。

6◆この事例の母親の愛情欲求

また、このお母さんは自分のことはあまり話さず、すぐに「どうすればいいですか」と質問をしています。これは彼女の愛情飢餓感の表れであり、すなわち転移の表れです。一般に来談者が質問をするのは、カウンセラーがあまり共感的に理解できていないときであることが多いのですが、特に愛情飢餓感の激しい来談者は、質問をしがちです。質問は「もっと欲しい、もっと欲しい」という愛情欲求の表れだからです。それは、「私は頼りなく心細い赤ん坊だから、あなたが強い親になって私を守り導くべきだし、私に愛情と関心を注いで、私の耐えがたい空虚感を満たすべきだ」という要求の表現です。

ですから、カウンセラーが「質問に答えなければ来談者が怒りそうだ」と感じるのは、来談者がカウンセラーに〝理想的な親〟を求める非現実的な期待を寄せており、カウンセラーがそれを満たさないとき、「私に必要な助けをくれない！　裏切られた！」と感じて激しく攻撃しそうだ、と感じているのです。

このお母さんは、その同じ愛情欲求を子どもにも向けてきたはずです。彼女が「私は子どものためにこんなにしているのに、子どもがそれに応えてくれない」と感じるのは、彼女が子どもから愛情を求める欲求の表れです。子どもは本来、自分の成長のことで精一杯ですから、そんな子どもにとって親の愛情欲求を満たさなければならないのは、あまりに大きすぎる重荷です。

7◆親に対する激しい憎しみ

このお母さんが、子どもに、そしてここではカウンセラーに、それほど激しい愛情欲求を向けるのは、彼女が幼いころからずっと抱え続けている、深く大きな愛情飢餓感によるものです。そして彼女は、当然受けるべき安定した温かい愛情を与えてくれなかった親に対して、ものすごく激しい憎しみを抱いているはずです。その憎しみが強いほど、子どもやカウンセラーなどが彼女の要求を満たさないとき、より大きく傷つき、より激しく怒ります。

また、このお母さんのように激しい怒りを抱えている人は、子どもに実現不可能な高い要求をすることがしばしばあります。そして子どもが、発達不相応な、能力不相応なその要求を満たさないとき、子どもを怒って罰します。このような親は、自分が抱えている攻撃性をそうして発散し、「私がこの子を怒ったり罰したりするのは、この子が悪いからだ」と攻撃を合理化します。

そのようにして傷ついた子どもは、完璧主義的で劣等感・罪悪感が強く、症状としては不登校やうつに苦しむことが多い印象を、私（古宮）は持っています。

彼らが完璧主義的なのは、「完璧になってお父さん、お母さんから愛されたい」と心の奥深くで強く願っているからであり、また同時に、親を求めるその欲求が激しいあまりに、親と同じになろうとして、「あなたは私（親）の期待に応えられないダメな子だ」という親の見方・態度を自分のものとして取り込むからだと思います。こういう子どもは、「自分のことを好きになり、お父さん、お母さんと違う自分独自の態度を取ってしまうと、お父さん、お母さんの愛情を永遠にもらえなくなる」と、心の深い部分で信じていることが多いように思います。私たちカウンセラーがそんな子どもの本当の支えになり、変容をもたらす援助をするためには、子どものその深い恐怖と苦しみに思いを馳せながら一緒にいることが大切だと思います。それができるのは、プロのカウンセラーしかいないでしょう。

ではここから、話を「子どもを無理にでも学校に行かせるべきだと思うんです」というお母さんに戻しましょう。

8◆繰り返される裏切りの経験と、人への不信感

深く激しい愛情飢餓感と愛情欲求を抱えて生きる人は、人間関係で失望し傷つくことを繰り返して生きることになります。なぜなら、どんな人間にも、彼女の求める愛情欲求をいつも完璧に満たせるはずはないからです。このお母さんがカウンセラーに不信感を向けるのは、今までそうして裏切られてきたからです。

彼女のように心に深い傷を負った人は、他人に頼っては「裏切られた」と感じる経験を重ねるわ

けですが、また、そうして裏切られて傷つくことが怖いので、人から距離を置くことも繰り返します。人から距離を置く方法には、さまざまなものがあります。いつも本音を隠して〝良い人〟を演じるかもしれません。病気やケガ、「引っ込み思案な性格」や、外的な状況を口実にして、人の輪に入らないかもしれません。または人から攻撃されないよう、先に自分から人々を攻撃するかもしれません。怒りっぽい人や皮肉っぽい人たちがそうです。

カウンセラーに必要なのは、心を閉じて怒り、要求するこのお母さんの、激しい愛情飢餓感と痛みに思いを馳せて一緒にいることです。

ではここから、来談者への応答の例を検討しましょう。

【応答例1】

A「お嬢さんが学校を休んで大暴れするようになって、どうすればいいかわからないし、本当にご心配なんですね」

B「お嬢さんの状態が悪くなっていて、暴れるようにさえなっているので、すごく手を焼いておられるんですね」

C「大暴れされるんですか。それはお困りでしょう」

「解説」でお伝えしたように、カウンセラーがこのお母さんの怒りと痛みに思いを馳せながら、そして「嫌われたらどうしよう」「来談者が怒ったらどうしよう」と不安になりすぎることなく、丹田《たんでん》に気を置いて共感的に応答することが、傾聴に必要でしょう。【応答例1】はその例です。

【応答例2】
「学校に行ってほしいのですね」

来談者は何がどう大変かを、具体的に語っています。ですからこの応答だけでは、来談者は「私の言うことが理解された」とは、感じづらいかもしれません。

【応答例3】
A「無理に引っ張って行くのはよくないと思うんですが。もう少し話し合ってみられてはいかがでしょうか」
B「こうすれば絶対に良くなる、という答えはないと思うんです。でも少なくとも、無理に引っ張って登校させて解決するものではないと思いますが」

もしもカウンセラーが逆転移を起こして、不安になったり、焦ったり、お母さんに対して批判的な気持ちになったりし、それを行動化してこれらの応答をしたのなら、あまり実のある対話にはなりづらいでしょう。

【応答例4】
「娘さんが行きたくないのは、何か理由があるんじゃないでしょうか」

この質問は、対話の焦点を、お母さんの気持ちから娘さんの気持ちへと変える介入です。3章の、多量服薬で病院に運ばれた中学三年生女子のお母さんのところでもお伝えしたことですが、このお母さんは、とにかくご自身の怒りや苦しさを理解してほしい気持ちでいっぱいでしょう。ですから対話がまだ進展していない今の段階では、娘さんの気持ちに本当に思いを馳せるゆとりはないでしょう。この介入をするカウンセラーにはそれが理解できていないので、カウンセリング過程は進みづらいでしょう。

【応答例5】

A「お父さんの助けを借りてはいかがですか」

B「ご主人は何と言っておられますか」

このお母さんのように激しい愛情飢餓感と愛情欲求を抱えた人は、結婚生活にも問題を抱えがちです。配偶者に非現実的に大きな期待を抱き、相手がそれを満たさないときに失望し、攻撃したり心を閉じたりするからです。ですから、幼いころからの傷つきの激しい来談者にとって夫婦関係について話すのは、カウンセリング過程がある程度進むまでは、かなりの負担であることが普通です。そのため、夫婦関係については、細心の繊細さをもってアプローチするのが無難です。このようにいきなり夫婦関係についてたずねるカウンセラーはそのことが理解できていないのかもしれませんから、来談者をいっそう防衛的にしてしまうことがあるでしょう。

【応答例6】

「以前、無理に引きずって学校に連れて行ったときは、どうなりました」

この質問の意図は、以前に学校に無理やり連れて行ってもダメだった、という事実に気づかせようということかもしれません。また、カウンセラーは、質問に答えなければ来談者から「頼りないカウンセラーだ」と思われてしまう、と不安になり、それを行動化して、とりあえず過去のことを質問したのかもしれません。

どちらにしても、来談者の気持ちをできるだけ彼女の身になって、ひしひしと、ありありと理解し、その理解を返そうという態度ではありませんので、傾聴による対話は進みづらいでしょう。

【応答例7】

「お母さまとしては、お嬢さんのためを思って学校に行ってほしいと思っておられるのに、お嬢さんは暴れるし、先のことも不安で、ひどく疲れるんじゃないですか」

カウンセラーが、子どもに対するお母さんの怒りと落胆、そして「このままでは子どもがますます学校に行かなくなるのではないか」という不安を、共感的に理解しながらこのような応答をすれば、お母さんは「気持ちが理解された、受け入れられた」と感じやすいでしょう。そうすれば彼女は徐々に、より素直に彼女の気持ちに開かれ、気持ちを言葉にしやすくなるでしょう。

【応答例8】

「お嬢さんが学校に行かないと、周りから『親が悪いからだ』と思われるのが不安なお気持ちでしょうか」

このお母さんは愛情飢餓感の強い人でしょうから、周囲の人々からの良い関心を強く求め、悪く評価されることをすごく恐れているでしょう。それゆえ、このカウンセラーが言うように、「子どもが不登校だと、親である私が悪く思われる」という不安は、おそらくとても強いでしょう。ですから、カウンセラーの思考の流れは、来談者の気持ちの一部を理解したものだと思います。しかし、来談者はそのことを語っていませんし、それがいま、最もわかってほしい内容でもないでしょうから、このタイミングでこの介入は的外れでしょう。もっとも、来談者が言外に「周囲の人たちから悪い親だと思われるのが不安だ」と訴えており、「それをカウンセラーにわかってほしい」と願っていることが言葉にはならなくても伝わってくるなら、この介入は的を射た介入になります。

Exercises 6章

●──彼からの大量メールで夜も寝られないという高校二年生の女子

生　徒「しんどい。寝れない」
あなた「どうして？」
生　徒「メールをずっとしてて」
あなた「そうなの」
生　徒「うん……友達とか、彼氏とかとメールしてて……」
あなた「友達とか、彼氏とか」
生　徒「彼氏がね、メールにすぐ返事をしなかったら、『おい、どうして返事をしない？』とか、『いま何をしてる⁉』とか、そんな短いメールを十件ぐらい、ブワーっと送ってくる」

あなたなら、来談者のこの発言に何と言って応答しますか。

次ページの【あなたの応答】欄に書いてみましょう。

【あなたの応答】

解説●——来談者を理解するために

このような来談者も、ときにカウンセラーの逆転移を刺激し、カウンセラーは保護的な態度を取りたくなることがあるでしょう。カウンセラーによっては、「そんな彼氏とは別れなさい」と言いたくなったり、彼氏に腹を立てて見下したり、またはこんな彼氏と別れない優柔不断な来談者にイライラしたりするかもしれません。

では、この来談者をどう理解できるのか、そしてどう介入するのが援助的なのかについて、応答例を通して検討していきましょう。

【応答例1】
A「それはひどい彼氏だね。そんなカレとは別れたら？」
B「すごく独占欲の強い人なんだね」
C「あなたに暴力を振るったりはしないの？」

これらの応答は、カウンセラーの逆転移を行動化した応答です。これでは逆転移が来談者に伝わるので、来談者は安心して自分の内面を見つめる作業に没頭することがしづらくなります。

すると来談者は、カウンセラーが気に入ることを言いたくなって、「うん、別れるべきですよね」などと答えるかもしれません。しかしそれは彼女の本音ではないでしょう。このような対話では、来談者が彼女自身の内面に直面し、内面を見つめ、感じて、解決に向けて動くという、治療的な過程は起きづらくなります。それどころか彼女の負担になります。本音を偽って良い来談者を演じなければならないからです。

あるいは、来談者はカウンセラーが彼氏のことを悪く思っていることを察して、防衛的になるかもしれません。その場合には、彼氏をカウンセラーの悪い評価から守ろうとするかもしれません。そのため、「彼氏が私にメールをするのは私のことが好きだから」とか、「だけど彼氏にはこんな良いところがある」などと話すかもしれません。また、「カウンセラーの先生に彼氏の悪口を言いふらしてしまった」ことに、罪悪感を感じるかもしれません。いずれにしても、来談者は本当に彼女が話したいことを自由に話しているのではありませんから、彼女の負担になったり、意味の感じられない面接になったりするでしょう。

もっとも、来談者が彼氏の独占欲の強さや暴力に苦しんでいて、そのことを今話したいと思っているのなら、B「独占欲がすごく強い人なんだね」、C「暴力を振るったりはしないの？」というような介入は、カウンセリング過程を促す適切な介入でしょう。

【応答例2】
A「『もう寝る』と返したりはしないの?」
B「彼氏に、睡眠不足でしんどいことを話しているの?」

【応答例2】も、カウンセラーに起きた逆転移を、質問という形で行動化したものでしょう。この場合の逆転移は、「彼氏に自分の気持ちや要求をきちんと伝えるべきだ」という批判的な思いであり、同時に、「彼女にはどうするべきかを教えないとわからない」という保護的な思いでしょう。

そのように、**来談者に対して批判的な思いが湧くのは、来談者についての重要なことをカウンセラーが理解できていないとき**です。カウンセラーはしばしばその批判的な思いを行動化して、来談者を変えようとしがちです。しかし、そういうときは来談者を変えようとするのではなく、「私は来談者の何が理解できていないから、彼・彼女に批判的な気持ちや、彼・彼女を変えようとする気持ちが湧くんだろう」と自問して、理解できていないことを来談者から教えてもらおう、という気持ちで耳を傾け続けることが大切です。

傾聴カウンセリングにおいてカウンセラーが行うことは、来談者の気持ちや考えを、できるだけ来談者の身になって理解しようとし、その理解を言葉で返すことです。

【応答例3】
A「彼氏は同い年?」
B「いつから付き合っているの?」

カウンセラーによっては、客観的事実や状況をつかんでおこうとして、外的な事柄について質問を重ねる人がいます。しかしそれは、来談者の「いま-ここ」の心の動きに沿うものではなく事情聴取のようなものですから、来談者の変化をうながす対話にはなりづらいでしょう。

とくに、「初回面接は『インテーク面接』だから、来談者の話についていくよりも、まず事実をつかもう」と考えるカウンセラーは多いし、大学院でそのように教えることも多いようです。

しかし私のやり方では、傾聴カウンセリングは、「まず初回面接で来談者についての情報を得て、見立てと方針を立て、二回目からカウンセリング(心理療法、サイコセラピー等と呼んでもよいでしょう)をする」というものではありません。

傾聴カウンセリングにおいて、①情報を得ること、②見立てを立てて、それをより細やかで深く広いものに改善し続けること、③来談者が変化する心理療法またはサイコセラピーを行うこと、の三つの過程はいつも同時に進むものです。それは、初回セッションも、十回目のセッションも、百回目のセッションも同じです。何回目のセッションであっても、来談者の話す内容が、そしてカウンセリングで起きていることが、来談者にとってどのような経験なのかを、来談者から教えてもらいます。そして来談者の主観的な経験について、より詳しく、より広く、より深い情報が得られるにつれ、来談者についての理解（見立て）を、より細やかで、より共感的なものにしていきます。その過程がそのまま、来談者が変化する心理療法の過程でもあります。

もっとも、いつから付き合っているかとか、彼氏の年齢とか、そのような外的なことについて、絶対に質問してはいけないとは私は思いません。それらについて知ることによって、来談者の主観的な経験を来談者の身になって理解することに役立つなら、たずねるのが良いと思います。

また、来談者が虐待や暴力などの被害を受けた可能性があったり、自傷・他傷の恐れがある場合などには、面接室外での対応も必要になります。そんなときには、対応策を講じるためにある程度の情報収集が必要です。

しかし、来談者の役に立ち、来談者の深い支えになる傾聴カウンセリングで本質的なことは、あくまで来談者の個人的で主観的な経験を、できるだけ来談者の身になって理解することにあります。警察の事情聴取や学校の生徒指導のように客観的な事実について情報を集めようとする態度は、その過程を邪魔します。

カウンセラーが来談者についての客観的な事実や状況にこだわって質問を重ねるのは、カウンセラーの不安から来る行動かもしれません。個人スーパーバイザーの助けを得るなどして、その不安により建設的な対処をするように努めましょう。

【応答例4】
「でも、その彼氏が好きなの?」

この質問をするカウンセラーはどんな意図でこれを尋ねたのか、さまざまな可能性がありうるでしょう。傾聴の介入においてカウンセラーの意図は、とても重要な意味を持ちます。しかし意図がどうあれ、この質問をするカウンセラーが十分に理解できていないのは、私たち人間は異なる気持ちを同時に持つものだ、ということであり、しかも、それらの異なる気持ちはしばしば矛盾する正反対の気持ちであることも多い、という事実です。その典型が、陽性転移と陰性転移はいつも同時に存在する、という転移の両価性です。

この来談者はおそらく彼氏に対して、「関心を持たれたい」とか「甘えたい」という接近欲求と、逆に「離れたい」「嫌いだ」「腹が立つ」などの両方の欲求を持っているでしょう。つまり、彼女の心の中には、彼氏のことを「好き」という気持ちと「嫌い」という気持ちの、両方があるのです。だからこそ苦しいのです。ですから、その苦しみを理解しないカウンセラーであれば対話は深まらないでしょうし、【応答例4】のようにたずねられると、よけいに混乱するでしょう。ですから、もしこのような質問をするなら、「でも、彼氏のことが好きという気持ちもあるの?」とたずねるほうが、両価的な葛藤について、より理解的な介入になるでしょう。

【応答例5】

A「そのことをどう感じていますか?」

B「その状況について、どうなったらいいと考えているの?」

■来談者の感情表現を理解する

初心のカウンセラーはしばしば、このように「どう感じますか」と質問をします。この質問は多くの場合、カウンセリング過程を邪魔します。

というのは、来談者はすでに、言葉によって、または声のトーンや表情などによって、どう感じているかを表現しているからです。カウンセラーに必要なのは、その表現をとらえて、来談者が何を感じているかを理解し、その理解を言葉にして返すことです。

■来談者の感情が伝わってこないとき

しかし、来談者が何を感じているかがわかりづらいことがあります。その原因は、来談者の感じている感情が、カウンセラーの抑圧された心の痛みに触れるためかもしれません。私たちは、自分が抑圧している感情を他人の中に見ると、共感的に理解することができません。ですから、カウンセラーがカウンセリングを受けることが大切で、心の葛藤や矛盾をより解決できているほど、共感する能力が上がるでしょう。

また、来談者の感情がわかりづらい理由が、来談者が防衛的で感情を素直に表現しないから、であることもしばしばあります。そういうときには、来談者はどんな感情を感じそうになっているから防衛するのか、なぜその感情を感じて表現することが来談者には脅威なのか、を理解することが大切です。

たとえば、来談者には、カウンセラーから良く思われようとするために正直な気持ちを表現できない、という心の動きが大なり小なり生じるものです。この女子高生であれば、もし彼女の感情が伝わってこなくて非常に理解しづらいとすれば、それは彼女が持っている「彼氏に対する私のあまりに激しすぎる怒りを正直に話せば、カウンセラーが私を嫌いになるんじゃないか」という恐れのせいかもしれません。または、「私は彼氏にものすごく強烈な甘えたい欲求や、捨てられることへの異常な恐怖があるので、こんなひどいことをする彼なのに、別れることが怖すぎてできない。だからカウンセラーに正直に話すと、そんな私の苦しみは理解しないで、『別れなさい』と言うんじゃないか」と恐れているのかもしれません。

また、来談者はしばしば、「抑圧している感情が防衛の壁を破って突出すると、コントロールできなくなる」という恐怖を無意識に抱いており、そのために表層的には無感情になっていることもあります。そんな来談者と一緒にいると、彼・彼女が何を感じているかがなかなか伝わってきません。もし、来談者のその恐怖をカウンセラーが理解せず、「どう感じているかを話させよう」とすると、それは来談者には耐えがたい恐怖になるので、カウンセリングは中断します。

■来談者の感情の感じられなさを理解し、尊重すること

傾聴カウンセリングで大切なのは、感情を感じられず表現もできない来談者にとって、感情を感じて表現することがなぜ怖いのか、そしていかに怖いことなのかに思いを馳せると同時に、彼・彼女のそういうあり方をそのまま受容して尊重し、変えようとしない態度です。それが高い程度にできるほど、来談者にとってカウンセリング関係が安全なものになります。そして、本当の感情を感じて表現する過程が、徐々に進んでいきます。

【応答例6】
「彼氏からすごく心配されているのね。あなたのことが大切なんですね」

■良いところを指摘したくなる心の動きについて

カウンセラーによっては、来談者の話を聞いていると、良いところを指摘しようという気持ちが

動くことがあります。そんな気持ちが動くのは、来談者の中にカウンセラー自身の未解決の苦しみを見るため、「来談者の苦しみを消し去りたい」とか、「来談者を救いたい」と思うからかもしれません。またはカウンセラーの持つ、「カウンセリングをうまくやって、自分が価値ある人間だと感じたい、力のある人間だと感じたい」という欲求によるものかもしれません。

来談者の良いところを指摘しようとする気持ちの源が何であれ、その気持ちが強いほど、来談者を無条件で尊重できないわけですから、そのカウンセラーとの関係は来談者にとって、「カウンセリングでは何を話しても許されるし、わかってくれる」という安全なものになりません。

■来談者がポジティブな内容を話すとき

また、話がやや変わりますが、来談者がセッション中にポジティブなことを話すのは、私の経験ではそれは、来談者の抵抗によるものです。

「抵抗」とは、来談者が本当に感じていることを自由に連想して話すのではなく、その連想を止める働きを指します。

本当の気持ちを話したい来談者にとって、「こんなに生活がうまくいっています」とか、「カウンセリングのおかげでこんなに良くなりました」などと話すのは、カウンセリング時間の浪費のように感じられるものです。カウンセリング時間は限られたものですし、そこでは来談者は何を話しても理解され、受容されますから、来談者にとってはほかでは得られないたいへん貴重な時間です。

ですから、傾聴カウンセリングができている限り、来談者はポジティブな内容以外に話したいことがありすぎて、ポジティブな内容を話したいとは思わないことが多いものです。

来談者がポジティブな内容を話すのは、多くの場合、ネガティブな事柄が心にあって、それを話すことを（意識的、または無意識的に）避ける目的があります。そのよくある例として、カウンセリングを中断したいけれど、それを話しても「カウンセラーは動揺したりせず、私の気持ちを共感的に理解してくれる」とは思えないのでそれが話せず、カウンセリングをやめる口実として、「先生のおかげで良くなりました」と話す場合があります。

【応答例7】
「メールが増えてしんどくなっているみたいですね」

来談者が伝えたいことは、メールが多すぎてしんどい、ということではありませんから、この理解は的外れです。このように返すカウンセラーの心には、来談者の苦しみを理解することを邪魔するブロックがあるのかもしれません。もしそうなら、そのブロックのもとである葛藤を解決するほど、心がより軽く自由になるでしょう。

【応答例8】

「すぐにメールを返さないだけで、すごく責められるんだね。それはしんどいでしょう」

傾聴カウンセリングの実践で大切なことに、主訴の苦しさを共感的に理解し、ていねいに応答することがあります。この介入はその代表的なものでしょう。来談者は主訴の苦しみをきっかけに来談したわけですから、まずそれがわかってもらってこそ対話に意味を感じられるし、さらに深い内容へと入っていくことができます。

ただ、【応答例8】の「それはしんどいでしょう」という表現は、場合によっては慎重に行う必要があります。というのは、感情を感じ表現することに怯えている来談者に対して、カウンセラーがその怯えを理解せず、「しんどいでしょう」「悲しいですね」「大変ですね」などと感情に触れる介入をすると、来談者にとって脅威になります。

「悲しいですね」とか、「辛いでしょう」などと大げさに感情を返し、それが共感だと思っているカウンセラーがときどきいます。しかし、感情を感じたり表現したりすることへの怯えを理解しないで感情を返すのは、来談者の怯えを理解しない、非共感的なあり方です。

また来談者によっては、苦しさやしんどさに早い段階で触れられると、「弱点を見透かされた」と感じることがあります。幼いころから、「弱さやしんどさを親に見せると叱られる」と感じて育った来談者に、そういう転移が働きます。

ですから、来談者が言葉で「しんどいです」「悲しいです」などと表現するか、もしくは言葉にはしなくても表情、声の様子、体の姿勢などを通して、来談者がそのような感情を感じていることと、表現していることが明らかな場合には、【応答例8】の「それはしんどいでしょう」のような介入は、来談者の主訴の苦しさに共感的に応える援助的な応答になるでしょう。

Exercises 7章

●――不登校の小学六年生男児の担任である五十代の男性教諭

（スクールカウンセラーのあなたは、不登校に苦しむ小学校六年生男子児童A君の母親と、初回面接をしました。その後、担任の五十代男性教諭から、「A君のお母さんがあなたの相談室に面接に行ったでしょう」と話しかけられました。ここではこの教諭を来談者と見なします）

教　諭「不登校の子どもにはね、どうかかわればいいんですかねえ。学校に行きたくないから行かない、というのは『わがままじゃないかな』、とどうしても思ってしまうところが私はあってね。いけないんですけどね。親の育て方の問題ですか？」

あなたなら、来談者のこの発言に何と言って応答しますか。

次ページの【あなたの応答】欄に書いてみましょう。

【あなたの応答】

解説●──来談者を理解するために

1◆教師の本音

「不登校はわがままだ」と言う教師に対して、カウンセラーが、「私は子どもの味方であり、こんなに理解のない先生は敵だ」と見てしまうと、協力して建設的な仕事をすることは難しくなるでしょう。一方、若い教師は、「不登校はわがままだという意見は間違いである」という風潮を特に強く感じていますから、露骨にそうは言わないかもしれません。しかしそれでも本心では、不登校の子どもについて〝わがままだ〟というような思いを持っているかもしれません。

ここで考える必要があるのは、なぜこの教師があなたに「A君のような不登校児はわがままだと思ってしまう」と言ったのか、ということです。その理由を考えてみましょう。

2◆この先生はなぜ本音を話したのか

ひょっとするとこの先生は、「カウンセリングのような生やさしいことをしていたのでは、A君のためにならない」、とあなたに文句を言いたいのかもしれません。そうだとすれば、あなたに対して、何かしゃくにさわるような出来事があったのかもしれません。もしそうなら、この先生があなたにそのことを婉曲に表現したのは、希望が持てるサインだと思います。この先生はあなたに、「私の気持ちをわかってほしい」と願って、働きかけてきたからです。

もしくはその先生は、ほかのカウンセラーに対して不服か不満を感じたことがあるので、あなたは〝カウンセラーたちの代表〟として、攻撃を受けているのかもしれません。そうであれば、その不服・不満を先生の身になって共感的に理解して返すことができれば、先生の不服・不満が和らぎ、より柔軟な見方ができる可能性が増えるでしょう。

または、この先生は、誰も自分の見方をわかってくれないと感じているので、あなたに自分の意見に賛同してほしいという気持ちから、この発言をしたのかもしれません。そうだとすれば、この先生はあなたのことを、「この人なら私の気持ちをわかってくれるかもしれない」と感じているのでしょう。

また別の可能性としては、この先生は、ここで話題になっている不登校のA君との間で何か問題があり、たとえばA君から嫌われて傷ついており、そのことによる怒りがあるのかもしれません。そうだとすれば、この先生はあなたにその傷つきをわかってほしい気持ちがあって、本音を少し話してみたのかもしれません。

3◆先生の傷つき

仮に、この先生がA君に嫌われているという、最後に挙げた可能性が当てはまっているとしましょう。さらに、A君が学校に行き渋り始めたのは、B君という児童とのトラブルがきっかけだったとします。先生はA君とB君の間に介入して、話し合いの場を持ちました。先生にすれば、そこでちゃんと話し合いをして、和解し解決したのだから、もう学校に来るのが当然だ、と思っています。しかしA君にしてみれば、「そんなに単純なもんじゃない」と感じていて、まだ登校はできずにいます。ところが先生の身になると、すごく多忙ななかで、A君のために一生懸命に仲介の労を取ってうまく行ったはずなのに、A君は登校しないし、それどころか先生に不満を感じて、距離を取ろうとします。先生はそのことで傷ついています。

以上のような背景があって、先生はあなたに「不登校はわがままだと思う」と語ったのだとしましょう。先生のその気持ちを、先生の身になって想像しながら一緒にいれば、理解的な対話になりやすいでしょう。あなたにそれができればできるほど、その先生はあなたに心を開き、協力的になる可能性が高くなります。それが結局は、A君など不登校の子どもたちのためになるでしょう。

4◆カウンセラーの理想化転移

カウンセラーの内面にはしばしば、教師に対する理想化転移があります。そしてそれが、教師を共感的、受容的に理解することをさまたげます。教師も普通の人間ですから、欠点がたくさんあるのが当たり前です。ところが、カウンセラーが教師に理想像を求め、「教師というものはいつも子どもの気持ちを理解し、子どもの味方でなければならない」と信じていれば、それに合わない教師に対して陰性転移が表面化します。そしてそれが原因で、先生と協力関係を育むことができず、結局は子どもたちに良くない影響が及ぶことになります。

ではここから、この先生の発言に対するカウンセラーの応答の例をいくつか取り上げて、検討しましょう。

【応答例1】
「親にも問題はあると思います。でも、子どもも、決してわがままで学校に行かないわけではないと思うんですが」

このように発言するカウンセラーには、さきほどお伝えしたような「理解のないこの担任は敵だ」といったような、批判的な気持ちがあるでしょう。そしてこのような対話は、不幸な結果に終わるでしょう。なぜなら、教師の傷つきにカウンセラーは傷つきをもって反応しているわけで、それによってさらに先生の傷ついた部分が反応します。こうして先生はカウンセラーに反論し、カウンセラーもそれに反感を持つわけです。

【応答例2】
「先生は『わがままだ』とも思うし、でも、そう思っておられることが『いけないことだ』とも思っておられる。その葛藤があるのは大切なことだと思います」

この介入は、反感という逆転移をかき立てられそうになったカウンセラーが、それを抑え込んで理性的に振る舞おうとして行った発言かもしれません。逆転移を抑え込もうとするとカウンセラーを不自由にします。カウンセラーは、自分の逆転移反応を非難したり抑え込んだりするのではなく、受容的に扱うことが大切です。

もしくは、このカウンセラーはふだんからこのように、来談者の長所を指摘しようとするカウンセラーなのかもしれません。そのような態度は、傾聴カウンセリングには相容れません。来談者は苦しみを正直に語れなくなるからです。

【応答例3】

「そうですよね。親に責任を自覚してもらわなくてはいけませんよね」

このような介入をすると、A君の親御さんについての悪口大会になりがちです。グチを言い合う日常の人間関係と、プロのカウンセリング関係は違います。悪口大会やグチ大会では、来談者は自分自身の反応をじっくり感じて検討する、という過程が起きづらくなります。この先生の場合であれば、不登校児に対する自分の反感をよく感じ、じっくり吟味することが、解決への一歩になるでしょう。カウンセラーと二人で悪口大会やグチ大会をしたのでは、その過程が起きる対話にはならないことが多いでしょう。

【応答例4】

A「先生はA君について、わがままな子だなと感じられたり、親御さんについて問題を感じられたことがおありなのでしょうか」

B「ええ、体は健康なのに学校がイヤだからって行かないのは、わがままに見えますよね。先生が思われるのはそういうことでしょうか。もしよろしければ教えていただけますか」

カウンセラーが先生の気持ちを、共感的かつ受容的に理解しようという態度で【応答例4】のような介入をすれば、この先生との関係が、より理解的な関係へと発展しやすくなるでしょう。それが、子どもたちのためになるのです。

引用文献

Greenson, R. R. (1967) *The techique and practice of psychoanalysis.* Madison : WI. International Universities Press.

古宮 昇（二〇〇七）『やさしいカウンセリング講義――もっと自分らしくなれる、純粋な癒しの関係を育むために』創元社

ザルツバーガー＝ウィッテンバーグ・I、ウィリアムズ・G、オズボーン・E（二〇〇八）『学校現場に生かす精神分析――学ぶことと教えることの情緒的体験』（平井正三、鈴木誠、鵜飼奈津子監訳）岩崎学術出版社

おわりに

思えば、私（福岡）が中学生だった一九七〇年代は、日本は高度経済成長期の真っただ中にあり、社会も「前進あるのみ」という上昇志向が主流でした。熱がないのに保健室に行くと「さぼり？」と見られ、「なぜかよくわからないけれど本当にしんどいのに……」ともやもやした気持ちを抱えながら、「身体を手当てする保健室はあるのに、どうして心を手当てする相談室はないのだろう」と漠然と思ったことを思い出します。

そのころは、カウンセラーという仕事は今のように有名でもなく、私も、こころや気持ちをわかる人（先生）になりたいとは思いましたが、カウンセラーになりたいという発想はありませんでした。

今では、あらゆる場面でメンタルヘルスが重要視されていますね。

日本でのスクールカウンセリングのシステムはまだ十数年と歴史が浅く、多くの課題がありま す。しかし、学校に「心理臨床の灯火」がともり、学校で出会ったいろいろな人たちと築いてきたものについて、少しずつ手応えを感じるようになりました。それは次のようなときです。

不登校でカウンセリングルームに来られない生徒に会うことはできないけれど、その生徒を心配してかかわってくださる先生や保護者には会える。誰にも言えない悩みを抱えた子どもが私にサインを送ってくる。校内を歩いていて気になった子どもがいれば、声をかけることができるし、場合によっては一定期間カウンセリングができることもある。保護者が子育てに不安を感じたときや、私がお会いしたいと思ったときには、懇談会の帰りに立ち寄っていただくことができる。事件・事故の予防的な働きかけや、早期の心理的対応ができる。学校の会議に参加すると、先生方に心理的視点を加えた対応をしていただくことが可能となる。先生方と私の互いの専門性が尊重され、連携がうまく行くと、教育者とカウンセラーの相乗効果が起きる。多くの人々に、心理臨床の視座を身近に感じていただくことができる。等々。

時間的に、できることは本当に限られているのですが、「学校」という場所で臨床ができることの喜びは、子どもたちのために力を合わせて仕事ができること、そして人々の身近なところでカウンセラーとしていられることだ、と私は思っています。またスクールカウンセラーには、教育という日常生活のなかで生じるいろいろなことに、自然に寄り添える距離感と役どころが与えられています。その充足感もまた、喜びのひとつです。

この本を書くにあたって、私自身がそのことを再認識し、また、時にその喜びを感じる余裕を失っていたことにも、想いを巡らせることがありました。

そして、新しくスクールカウンセラーをされる方々に、少しでも学校で心理臨床ができる喜びを味わっていただきたいとの願いを込めて、執筆したつもりです。

スクールカウンセラー一人ひとりが研鑽を重ね、また支え合いながら、質の高い心理サービスが提供できるように高め合っていけたらと願っています。

＊　＊　＊

古宮は幸い、初心カウンセラーの方々と交流する機会があります。みなさん熱心で、一生懸命に取り組んでおられます。そんなとき私自身の経験を振り返って、強く思うことがあります。またそれは、私が初心カウンセラーの方々と大学院生たちを見ていて感じることでもあります。それは、カウンセラーとして能力を高めるために役立つ効果的な努力と、役立たない非効果的な努力がある、ということです。私はかつて、あまり効果的ではない努力を、本当に一生懸命がんばって、そうとう重ねていました。姉妹書である『傾聴術――ひとりで磨ける〝聴く〟技術』(誠信書房)に書いたことですが、カウンセラーとして力がなく、しんどい思いをたくさんしました。

そんな私は、この本を読まれているあなたには、カウンセラーとして力を伸ばすために効果的な努力を、意味を感じて楽しみながら、ひたむきに続けていただきたい、と願っています。

そしてその効果的な方法とは、本書第II部のあちこちでお伝えしていますが、ここにまとめると、①自分が心理セラピーを受けること、②有能な臨床家から個人スーパービジョンを受けること、③傾聴の技術練習を繰り返し行うこと、です。

＊　＊　＊

私たちは、人々の心の苦しみに寄り添い、これからも研鑽を続けて成長していきたいと願うあなたとご一緒に、これからも一歩一歩、歩んでいけることを願っています。

二〇〇九年　春

古宮《こみや》　昇《のぼる》
福岡《ふくおか》　明子《てるこ》

謝　辞

本書の執筆にあたって、スクールカウンセラーの方々から貴重な助言をいただきました（お名前は伏せさせていただきます）。

また、大阪経済大学大学院心理臨床センターの石野泉主任カウンセラーと、事務員の川田美奈さんから、いつも多くの助けをいただいています。

同大学院臨床心理学専攻の大学院生である、浅野裕二さん、碇英一さん、柏谷純子さん、西岡崇弘さん、根本吉人さん、前川友紀さん、峯友結さんから、貴重な助けをいただきました。ありがとうございました。

船岡三郎先生（大阪府立大学名誉教授・元京都女子大学教授）のご指導のおかげで、貴重なことをたくさん学ばせていただいています。

誠信書房編集部の中澤美穂さんと松山由理子さんのお陰で、本書が生まれました。ありがとうございました。

著者紹介

古宮　昇（こみや　のぼる）

米国メリーランド州立フロストバーグ大学カウンセリング心理学修士課程修了
州立ミズーリ大学コロンビア校心理学部博士課程修了
ノースダコタ州立ノースセントラル・ヒューマン・サービス・センター常勤心理士，南ミシシッピ心理コンソーシアム・インターン心理士，州立ミズーリ大学コロンビア校心理学部非常勤講師などを経て，

現　在　大阪経済大学人間科学部准教授，およびストレス・カウンセリングセンターのカウンセラー（私設心理相談）．
心理学博士（PhD. in Psychology）．臨床心理士．

著　書　『傾聴術——ひとりで磨ける“聴く”技術』誠信書房 2008
『心理療法入門——理論統合による理論と実践』創元社 2001
『しあわせの心理学』ナカニシヤ出版 2002
『大学の授業を変える——臨床・教育心理学の知見を活かした，学びを生む授業法』晃洋書房 2004
『やさしいカウンセリング講義——もっと自分らしくなれる，純粋な癒しの関係を育むために』創元社 2007 ほか

福岡　明子（ふくおか　てるこ）

京都女子大学大学院家政学研究科児童学専攻修士課程修了
摂津市家庭児童相談室セラピスト，関西カウンセリング研究所カウンセラー，茨木市保健医療センター心理判定員，大阪府知的障害者サポートセンター心理判定員などを経て，

現　在　大阪府・大阪市公立学校スクールカウンセラー，大阪府私立学校教育相談室カウンセラー，大阪経済大学心理臨床センターカウンセラー，大阪経済大学大学院人間科学研究科非常勤講師．
臨床心理士．

傾聴《けいちょう》カウンセリング——学校臨床編《がっこうりんしょうへん》

2009年 9月10日 第1刷発行

著　者　古宮　　昇
　　　　福岡明子
発行者　柴田敏樹
印刷者　日岐浩和

発行所　株式会社　誠信書房
〒112-0012 東京都文京区大塚3-20-6
電話 03 (3946) 5666
http://www.seishinshobo.co.jp/

中央印刷　イマキ製本所　落丁・乱丁本はお取り替えいたします
検印省略

ISBN 978-4-414-40367-1 C3011

傾聴術

ひとりで磨ける“聴く”技術

ISBN978-4-414-40364-0

古宮 昇著

臨床心理士やカウンセラーのみならず，教師，医療・福祉関係者，ボランティアなど，悩み苦しむ人を支える専門家に必要な技術である傾聴。本書は，傾聴の基礎にある来談者中心療法の真髄を，９つの実際的な場面設定の練習問題で分かりやすく解説。面接者の応答は話し手にどう伝わるか，どの応答なら話し手は本音を語ることができるのか，また，傾聴の無駄のない学び方も紹介した，今までにない傾聴技法の独学用テキスト。

目　次

四六判並製　定価(本体1400円+税)